Les vrais hommes sont féministes

DU MÊME AUTEUR

AUX ÉDITIONS HÉLOÏSE D'ORMESSON

L'exil est mon pays, 2006. Pocket, 2009.

Fille de rouge, 2009. Pocket, 2009.

Maman, 2010. Pocket, 2012.

Roman à l'eau de bleu, 2012.

Je mourrai une autre fois, 2016. Pocket, 2017.

Je peux me passer de l'aube, 2017. Pocket, 2018.

AUX ÉDITIONS ROBERT LAFFONT

Et encore, je m'retiens, 1995.

Tous les hommes sont égaux, même les femmes, 1999.

Pourquoi je suis Chienne de Garde, 2001.

Filigrane, 2005. Pocket, 2007.

Même pas mâle, 2007. Pocket, 2010.

AUX ÉDITIONS PLON

Sexe : pourquoi on ment, 2011.

Joyeux Noël 2021.
Énormes bisous
de Papy et Mamie

Éditions Héloïse d'Ormesson | CONTROVERSES

Isabelle Alonso

Les vrais hommes sont féministes

Essai

ISBN 978-2-35087-549-1

Éditions Héloïse d'Ormesson, 92 avenue de France, 75013 Paris
www.editions-heloisedormesson.com

FSC
www.fsc.org
MIXTE
Papier issu de sources responsables
FSC® C003309

L'éditeur de cet ouvrage s'engage dans une démarche de certification FSC® qui contribue à la préservation des forêts pour les générations futures.

Pour en savoir plus :
www.editis.com/engagement-rse/

Ce livre adressé aux hommes est dédié, avec émotion
et enthousiasme, à toutes mes sœurs féministes d'hier,
d'aujourd'hui et de demain, d'ici et de partout ailleurs,
à notre tribu bigarrée, indomptable, joyeuse, intrépide,
visionnaire, précieuse infiniment, qui mène à bien,
contre vents et marées, avec audace et obstination,
depuis des décennies, la plus belle des révolutions,
sans violence et sans haine.

« Je ne réclame aucune faveur
pour les personnes de mon sexe.
Tout ce que je demande à nos frères,
c'est qu'ils veuillent bien retirer
leur pied de notre nuque. »

Ruth Bader Ginsburg

Lettre ouverte aux poissons rouges

Un poisson rouge dans un bocal n'a pas conscience de l'eau. Il nage dedans, mais il ne s'en rend pas compte, il n'a jamais rien connu d'autre. C'est son milieu naturel, il y ondoie de la nageoire, y gobe ses granulés, sans se poser de questions. Lui expliquer l'eau ? Entreprise hasardeuse ! Il n'est pas équipé pour comprendre. Décrire l'androcentrisme ambiant à un homme, même le plus honnête, est un défi similaire. Que j'ai décidé de relever.

J'ai publié à ce jour cinq bouquins féministes. Le féminisme, je suis tombée dedans quand j'étais petite. J'ai compris qu'il y avait maldonne quand j'en étais aux nattes, à la marelle et à la grammaire. Les antennes à injustices de mon ADN ont vibré tout de suite.

Depuis les années soixante-dix, sans violence, sans un coup de feu, sans un coup de poing, nous, les femmes, avons changé le monde. La révolution, on l'a faite. Et on continue.

Et vous, dans tout ça ? Vous en êtes où ? Vous faites quoi ? Vous compatissez, mais bon, vous ne voyez pas trop en quoi ça vous concerne. Qu'y pouvez-vous ? Pas votre problème. Ça ne vous intéresse pas plus que ça. Vous vous dites que si on n'y arrive pas, c'est qu'on ne le veut pas vraiment. Qu'on ne se donne pas les moyens. Qu'on est un peu nulles. Vous êtes très minoritaires à avoir lu ne serait-ce qu'un livre, UN SEUL, sur le sujet. Et encore moins nombreux à l'avoir assimilé.

À moins d'avoir passé les dernières années dans une geôle en Arabie saoudite ou en prières au mont Athos, on a forcément entendu parler de MeToo. À en croire *L'Obs*, après MeToo, le ciel s'est obscurci. Être un homme, simplement un homme, serait devenu « compliqué ». Pas gênés, à *L'Obs*. Ils n'ont pas idée de ce qu'est une vie compliquée.

Les pages qui suivent ne s'adressent pas aux requins, piranhas et autres barracudas.

Ni aux agresseurs, abuseurs, insulteurs, tripoteurs, frappeurs, prédateurs, violeurs, tueurs, assassins.

Pas davantage aux misogynes, méprisants, condescendants, paternalistes.

Ni aux indifférents. Qui s'en lavent les mains pendant que leurs épouses lavent leurs chaussettes.

Ni aux cyniques qui se satisfont d'être nés du bon côté.

Ceux-là ont choisi leur camp. Celui du monde d'avant. Qui ne tient que par la violence. Celle de la Loi et celle des coups. Ceux-là sont nos ennemis.

Je m'adresse aux décontenancés. À qui cette parole des femmes fait découvrir une réalité insoupçonnée. Qui se demandent comment réagir. Qui voudraient en être, de cette révolution pacifique, mais ne savent pas comment s'y prendre. Comment aider. Jusqu'où aller sans se faire rembarrer. Sans dépasser les bornes, sans être accusés de récupération. Comment se montrer solidaires mais pas donneurs de leçons ? Comment participer en deuxième position, quand on est encore en haut du podium ? Et, pour commencer, comment comprendre ? Pas facile, j'en conviens. Je n'aimerais pas être à votre place ! Je plaisante. Vous avez la bonne planque, celle qui vous permet de profiter tranquille de la situation pendant qu'elle dure.

On dit que les hommes viennent de Mars et les femmes de Vénus. *Bullshit*. On vient de nulle part. On est d'ici et on y reste. Sur Terre. Et c'est une sacrée chance. À ceci près que nous vivons simultanément sur une même planète, mais dans deux mondes différents. Parce que vous nous voyez tous les jours, vous croyez que nous vivons comme vous. Nous, nous savons que c'est faux.

Au point où nous en sommes, rien ne se fera sans vous, les gars. Je pars du principe que vous êtes sincères, et un peu largués. Cette balle lancée dans votre camp, vous ne savez pas trop quoi en faire. Fermer les yeux ? Regarder ailleurs ? La renvoyer ? Revers à deux mains ? Coup droit ? Entre les deux yeux ? Ou jouer à la loyale ? Respecter les lignes ?

Quand mon premier essai fut publié, il y a plus de vingt ans, mon éditrice, soucieuse de mettre toutes les chances de mon côté, me demanda d'ajouter un chapitre spécifiquement destiné à rassurer les hommes. Les rassurer ? Oui. Il lui paraissait essentiel que je confirme en toutes lettres que le texte n'était pas anti-mecs. À moi, ça paraissait une évidence, mais bon, ça allait mieux en le précisant, insista-t-elle. Pourquoi pas. La plumitive débutante, ravie d'être éditée et désireuse de s'adapter, apprécie qu'on lui éclaire le chemin. J'écrivis donc le chapitre avec le sentiment de mettre des points sur des i qui en avaient déjà.

Et je les ai remis, ces points sur ces i, dans chacun de mes livres féministes. Très important, répétait-on. Que penser d'un système où la dominée se doit de rassurer le dominant ? Qu'on est dans une sacrée merde.

Madonna a chanté *What It Feels Like For A Girl...* : « ça fait quoi d'être une fille » ? Ça se passe comment pour nous ? Vous croyez le savoir, car l'humilité n'est pas votre qualité première, mais vous en avez une notion très vague. Et vous savez pourquoi ? Parce que les dominants n'ont pas à connaître les dominés. Un lord anglais n'avait pas idée de la vie de son majordome, et allait jusqu'à donner le même prénom à tous ceux qui passaient à son service. Mais James, lui, le domestique, savait tout de son maître : sa taille, sa pointure, le point de cuisson de ses toasts, l'adresse de son bordel préféré, tout... Les femmes savent tout des hommes, parce qu'elles les servent. Les hommes n'ont pas à en savoir plus sur les femmes que ce qui leur sert. Ce n'est plus comme ça ? Ça s'atténue dans les faits, ça reste dans les têtes.

Salut les poissons rouges, je m'en vais vous expliquer l'eau...

État des lieux

James Brown chantait : « *This is a man's world* », c'est un monde d'hommes. Fait par les hommes, pour les hommes, donc. Il ajoutait : « *But it would be nothing without a woman* », mais ce monde ne serait rien sans les femmes. Certes, certes. Mais encore ?

Posons le décor. Où en est la planète ? Pas compliqué : comparée à elle, la Bérézina, c'est la Foire du Trône. Je résume : le sort des sept milliards d'humains est entre les mains d'une poignée de brutes en plein concours de bites. Oui, je sais, j'ai le sens de la synthèse.

Au rayon politique, parmi un paquet d'autres, moins repérés mais tout aussi allumés, nous avons Poutine, Erdoğan, Xi Jinping, Kim Jong Un, Ben Salmane, Rohani qui roulent des mécaniques, se surarment et se tirent la bourre à savoir qui dira ou fera les plus spectaculaires énormités. Nous avons eu Trump, qui a voulu arroser les bronches des Yankees avec du chlore, qui s'est vanté d'attraper les femmes par la chatte et croit que la Belgique est une ville. Poutine, lui, veut se faire réélire à vie parce qu'il estime être le meilleur pour le job. Il rêve de remettre la Russie sur le podium des grandes puissances qui font peur. Kim Jong Un adore jouer avec ses missiles, badaboum. Ça lui cause un genre d'érection fugace. Erdoğan tient à transformer son pays en immense mosquée. Son paysage préféré ? Les foules prosternées, front au sol. Ivres de pouvoir, fascinés par les grands assassins, ils aiment les peuples soumis et n'écoutent personne.

Puis nous avons le rayon économique : de Jeff Bezos à Bill Gates en passant par Bernard Arnault et Mark Zuckerberg, ils sont une poignée de multimilliardaires tellement richissimes qu'ils se rient des frontières, font des pirouettes (et hop ! sans les mains !) au-dessus des parlements et soit ne respectent pas la loi soit la font rédiger sur mesure en achetant les politiques par le lobbying ou les pots-de-vin. Obsédés par l'argent, ils accumulent, amoncellent, accumoncellent, barbotent tel l'oncle Picsou dans leur piscine de pièces d'or où ils n'ont plus pied depuis longtemps. Partager ? Pas question. Ils considèrent que l'argent détourné à leur profit est leur œuvre personnelle, pas le résultat du ruissellement vers le haut institué par le néolibéralisme triomphant. Elon Musk en est à envisager d'aller coloniser Mars (coloniser, plus qu'un abus, un mode de vie!) et de surpeupler l'espace avec des milliers de satellites. Ce qui l'excite, c'est de devenir immortel. Il regarde le monde, la misère, la violence. Puis il se regarde lui, façon Reine-sorcière de *Blanche-Neige*: « Miroir, mon beau miroir, se pourrait-il qu'une telle splendeur meure un jour? » Non, cela ne se peut! Ça coûtera ce que ça coûtera, mais Musk vivra pour toujours. C'est vous dire s'il est intelligent.

Enfin, au cas où il vous resterait un fond d'optimisme, n'oublions pas le rayon mafias. Indispensables pour le sale boulot. D'origines américaine, russe, italienne, japonaise, mexicaine pour les plus terrifiantes, implantées sur les cinq continents, elles ajoutent à la loi du plus fort celle du plus brutal. Les mafieux sont les rois du proxénétisme, des trafics de drogue, d'armes, d'humains et de tout ce qui rapporte de l'argent immédiat, clandestin et défiscalisé. Les plus brutasses de la planète. On les gêne? Ils tirent dans le tas. Ça fluidifie le débat. Recyclent l'argent sale dans des business légaux. Fournissent des tueurs à gage qui débarrassent le plancher des opposants politiques, syndicalistes ou écolos. Gangrènent l'économie mondiale. En contrôlent des pans entiers. Des spécialistes (comment ils comptent, je ne sais pas) évaluent leur volume à la moitié du PIB mondial. D'autres disent dix pour cent. Milieu opaque, calcul malaisé.

Le point commun de ces trois packs surpuissants, à la fois rivaux et alliés ? Ça ne vous a pas échappé : que des mecs ! Ce triple *boys' club* hyper-sélectif est exclusivement masculin. Il constitue le faîte hyper-pointu de la pyramide des pouvoirs. *A man's world.*

Juste en dessous, pour consolider l'édifice, deux groupes tout aussi masculins : les religieux et les militaires. Les religieux le parfument d'encens et l'habillent d'éternité. Les militaires gardent les chiourmes et massacrent sur commande. On les repère tous à leur divertissante façon de se vêtir, d'arborer des accoutrements improbables pleins de fantaisie, à l'opposé du sombre costume-cravate cher aux perchés de la pointe. Couvre-chefs farfelus, de la casquette à étages à la mitre rutilante, surplis brodés, chasubles de dentelle, toges à traîne, turbans boursouflés, pendentifs, amulettes, galons, épaulettes, médailles qui font gling-gling sur les torses martiaux, ils paradent, processionnent, et font penser, démarche en moins, à ces défilés de mode dont on se demande en les voyant onduler sur les podiums s'ils sont cocasses ou grotesques.

Vous avez compris le principe : la base de la pyramide, très large, posée au sol, au plus loin du pouvoir, est entièrement composée de femmes. Celles-ci assurent l'entretien de l'édifice, celle-là amortit les chocs.

Une telle concentration de tous les pouvoirs entre des mains masculines s'appelle le patriarcat. Le patriarcat, c'est l'eau de l'aquarium. Plus ancien que le capitalisme, plus persistant que l'esclavage et le colonialisme, plus enraciné qu'un chêne centenaire, plus protéiforme que du béton armé, il règne sur la planète entière. Se fond dans le paysage comme le glyphosate dans un champ de maïs. Si familier qu'on ne le discerne pas. Si ancré qu'on ne le nomme pas. Si enfoui qu'on va jusqu'à douter de son existence. Si constitutif qu'on ne sait pas penser en dehors de lui. Ce culte immuable présente la particularité de compter infiniment plus de pratiquants que de croyants. Il tient la place. Toutes les autres dominations s'appuient sur lui. Après quelques avatars, le capitalisme dans sa forme néolibérale est venu se couler tout naturellement dans ses structures immémoriales.

Le patriarcat, retenez bien ce mot, car je m'en vais le répéter jusqu'à ce qu'il vous vienne à l'esprit aussi spontanément que l'activation des essuie-glaces quand il se met à pleuvoir sur le pare-brise. Il se peut qu'à vos oreilles le patriarcat soit d'un autre temps, qu'il évoque un monde d'orateurs en toge, de gladiateurs, d'agoras et autres parthénons. Oubliez ça. Le patriarcat est une réalité d'aujourd'hui qu'on vous a juste appris à ne pas voir. Archaïque ? Certes. Abusif? Et comment! Nous sommes en 2021, et même contesté, même combattu, il se porte comme un charme.

Le patriarcat est l'application première de la loi du plus fort, qui a le mérite d'être simple : le gourdin a toujours raison. Ou le poing. Ou le flingue. Il s'agit de dominer. L'Histoire telle qu'on nous l'enseigne est celle des vainqueurs. La chronique des appropriations successives des territoires, des ressources, des peuples. Par la violence. La guerre. La prédation. On pille à tous les étages. Les plus brutaux gagnent par l'anéantissement physique de quiconque leur résiste. Ils fixent les règles, quitte à ne pas les respecter quand elles ne les arrangent plus. On pense aux Indiens d'Amérique, qui se croyaient protégés par les traités proposés par les Yankees, et comment ceux-ci trahirent systématiquement leurs engagements à mesure que reculaient les frontières qu'ils avaient tracées eux-mêmes. Aujourd'hui, on pense aux écolos brésiliens en Amazonie, assassinés par des milices à la solde des exploitants des matières premières, minerais, bois, huile de palme, que les pays riches s'arrachent.

Vous savez tout ça. Vous me rétorquerez que vous n'y êtes pour rien, que vous n'en êtes pas, de la fâcheuse horde. Que vous n'êtes ni à la tête d'un pays ni à celle d'une fortune en milliards, pas davantage chef de gang ou parrain de la pègre. Ni pape ou général. En quoi, alors, cela vous concerne-t-il ? En quoi cela vous profite-t-il ? Qu'est-ce que j'ai à vous chercher des poux dans la tête ?

En quoi cela vous profite, Engels l'a écrit en 1884 dans *L'Origine de la famille, de la propriété privée et de l'État* : « Dans la famille, l'homme est le bourgeois ; la femme joue le rôle du prolétariat. » Fondamentalement, ça n'a pas changé. Dans la pyramide patriarcale, si pauvre, démuni et dominé socialement sois-tu, tu peux disposer d'une femme encore plus pauvre et démunie que toi. Domestique gratuite, partenaire sexuelle de gré ou de force, mère d'enfants qui porteront ton nom. Même si tu es la dernière roue du carrosse, même si ta peau est noire, ton teint bistre et ton gilet jaune, même si tu es un type extra, un ami, un gentil, tu n'en es pas moins un privilégié du patriarcat. Il n'y a jamais eu de nuit du 4 août pour ces privilèges-là. Il n'y a jamais eu abolition de ce qui n'a même pas à être nommé pour être appliqué. Chaque jour de ta vie, tu touches les dividendes de la plus vieille oppression du monde. Oui, je sais, beaucoup d'entre vous n'aiment pas cette idée. Moi non plus, je ne l'aime pas. Mais les faits sont têtus. Alors vous n'y êtes pour rien, mais ça existe et ça vous profite.

Le patriarcat établit autour des femmes une infinité d'interdits, comme autant de piquets à l'enclos où il les assigne à résidence. L'imagination masculine en la matière est illimitée. Je me souviens d'un des épisodes de *Rendez-vous en terre inconnue*, avec la comédienne Charlotte de Turckheim. L'équipe télé l'avait emmenée chez les Nénètses, en Sibérie, aux alentours du cercle polaire. Ces gens vivent dans un climat extrême, il gèle tout le temps, ils se déplacent, mangent et s'habillent grâce au renne, qui, à lui tout seul, leur sert de centre commercial. Leur village forme un cercle de tentes coniques façon tipi au centre duquel brûle un feu, pour autant que je me souvienne. À un moment, Charlotte s'apprête à traverser le cercle, aller d'un tipi à un autre en ligne droite. Elle est aussitôt rappelée à l'ordre par un mec qu'une telle ignorance des usages stupéfie et qui lui dit que non, les femmes n'ont pas le droit de passer par là, elles doivent faire le tour par derrière ! Les hommes, eux, passent où ils veulent. Charlotte s'arrête et s'exclame : « Le nombre de trucs que les mecs inventent pour faire chier les gonzesses, c'est quand même étonnant ! » Oui. Fascinant. Dans ce même village, les femmes tannent la peau des rennes pour en faire des vêtements et des chaussures, mais attention ! la peau de la tête de renne ne peut servir que pour des chaussures de mec. Autrement, ça voudrait dire qu'une femme marche sur la tête d'un renne, alors que l'animal est sacré, et ça, c'est juste pas possible ! Voilà. Ils s'emmerdent pas assez à survivre en se pelant le cul, il leur faut compliquer la vie des femmes, au cas où elles prendraient du plaisir à vivre.

Chez nous, ce genre de brimades imbéciles existait tout autant jusqu'à récemment : pas de femmes dans une cave à vin, ni sur un bateau, ni sur une scène de théâtre, etc. « Ça porte malheur », assuraient-ils. Pour porter malheur, ça portait malheur. Mais pas à vous. Plutôt à nous, contraintes de respecter tout un tas de conneries sans autre fonction que nous tenir à carreau. Nous habituer à obéir.

Les Françaises en sont encore à détricoter l'invraisemblable filet d'assignations, d'interdictions dont elles ont hérité et qu'il leur faut éliminer, une par une, petit à petit, jour après jour, contre vents et marées, en se faisant rabrouer à chaque étape sur le mode « il y a plus urgent » ou « n'importe quoi ! » Comparé à elles, Sisyphe, avec son rocher, fait figure de petit bras… On pense à Curzio Malaparte : « Le régime totalitaire est un régime où tout ce qui n'est pas interdit est obligatoire. » On croirait la phrase écrite pour le patriarcat. La société des femmes est incluse dans celle des hommes et contrôlée par elle.

Et tout ça pour quoi ? Pour quel résultat ? Une planète dévastée, où des pauvres de plus en plus pauvres crèvent de ne pas vivre pour que des riches de plus en plus riches pètent dans la soie et se torchent avec des dollars. Le système est au bout du rouleau. Un désastre. À ce train-là, effondrement général à court terme, *bye bye* tout le monde et basta.

À moins d'être un climatosceptique à la Trump (et autres bas de plafond au pouvoir), mais aussi à la Total (dont les responsables s'imaginent que le cataclysme qu'ils préparent les épargnera), on sait que la croissance a un terme. Rien ne croît indéfiniment. Quiconque se figure qu'il va suffire d'une rustine par-ci, d'un patch par-là pour éviter l'apocalypse se fourre le doigt dans l'œil jusqu'à l'omoplate. Le néolibéralisme dérégulé a engendré un monstre. Le profit à tout prix se noie dans les contradictions et l'hypocrisie. On va droit dans le mur. Nos dirigeants psychopathes font penser à cette scène de *Fantasia* où Mickey, apprenti sorcier, perd le contrôle du balai qui bosse à sa place et bientôt les balais prolifèrent, se lancent dans une sarabande chaotique et se mettent à charrier furieusement assez d'eau pour anéantir le monde.

Le dérèglement climatique est le résultat direct du pillage généralisé. Si on ne veut pas crever la gueule ouverte, il faut d'urgence débrancher le ventilateur à merde. Remonter à la source. Et la source, qui a fondé et permis tout le reste, c'est le patriarcat.

Il y a hyper-longtemps, au paléolithique, nos ancêtres regardaient autour d'eux, cherchaient à comprendre le monde. Un truc ne leur avait pas échappé : y avait des mecs, et des nanas. Bon. Et les mecs furent fascinés par ce que les meufs savaient faire avec leur petit corps dodu : des bébés ! Qui leur sortaient du corps, floup tout riquiqui mais parfaitement complets. Et ces gueuses non seulement produisaient des petites répliques d'elles-mêmes, mais aussi d'eux ! Et eux ? Que dalle ! De leur corps à eux ne sortait personne ! Ça les énervait, c'est rien de le dire, mais ils ne la ramenaient pas, des fois qu'elles arrêtent de faire des petits mecs, ça leur foutait la trouille.

Un jour, ne me demandez pas comment, ils prirent conscience de leur rôle dans l'affaire : l'élément déclencheur, c'était eux ! Et donc, le bébé était à eux ! Ils en déduisirent, car ils étaient déjà d'une modestie toute relative, que les nanas n'étaient que des supports, comme des pots de fleurs sans autre rôle que la terre qui nourrit la plante mais ne fournit pas la graine. Ça changeait la perspective ! C'est là que les mecs posèrent les scellés sur les nanas, pour affirmer que l'enfant était issu de leur graine à eux. À celles qui renâclaient, ils firent découvrir la baffe, la torgnole, principe de base fort efficace quand il s'agit de démontrer qui c'est qui commande. Les femmes devinrent une colonie masculine. Une dépendance. Ce fut la prédation première. L'appropriation initiale. L'origine de toutes les autres.

Une fois cette étape franchie, d'autres suivirent. La baffe originelle structura la pensée, inspira d'autres modèles de domination. Avant même l'apparition de l'écriture, tout était en place, le monde défini en mode binaire. Masculin/féminin. Dominant/dominé. Masculin supérieur/féminin inférieur. Masculin positif/féminin négatif. Bon/mauvais. Actif/passif. Identique/différent. Intelligent/stupide. Fort/faible. Violent/

calme. Chaud/froid. La catégorie perçue comme supérieure sera systématiquement affectée au masculin.

Ça ne s'est pas passé exactement comme ça? Peu me chaut: le résultat est là, et la preuve du pudding, c'est qu'on le mange. On se le mange, même.

Si on ne casse pas cette logique, il ne faut pas espérer transformer quoi que ce soit, et vous crèverez aussi. Il faut changer de paradigme. Remplacer la compétition par la coopération. L'économie linéaire par l'économie circulaire. Le pillage par la remise en circuit. La loi du plus fort par le respect du vivant. Le vertical par l'horizontal. Le gagnant par le solidaire. La hiérarchie par l'égalité, la vraie, celle qui accorde la même valeur à tout·e être humain·e. Tout·e. Je vous la mets en écriture inclusive, celle-ci, histoire de bien éclairer votre lanterne.

Être une femme, c'est avoir grandi dans un monde dont vous n'avez pas idée.

Comme Christophe Colomb, qui prit la mer en l'ignorant, vous avez une Amérique à découvrir. Un continent inconnu, qui multiplie par deux votre univers mental. Vous qui êtes, si j'ai bien tout saisi, des aventuriers dans l'âme, ne résistez pas à l'appel du grand large, du continent noir, de l'envers du décor. Vous pouvez changer le monde rien qu'en ouvrant vos yeux, vos oreilles.

Et votre cœur. Autrement, c'est pas la peine.

Féminitude

Vous n'êtes pas un poisson. Vous êtes un *sapiens sapiens*, et votre aquarium à vous s'appelle la société. Elle a été créée à votre convenance. Avec vos critères, votre perception, votre sensibilité. Et vos mensurations ! Histoire, géographie, économie, culture, langage, arts, sciences, sports, politique, architecture, humour, autant de costumes sur mesure. L'homme est l'axe de tout. Tout tourne autour de lui. De vous, donc. *A man's world.*

Vous êtes un Homme, avec un grand H. Et, aussi, un homme avec un petit h. Un mâle de l'espèce humaine. Un seul mot pour deux dimensions. Ça tombe bien.

Moi aussi, je suis un Homme. Mais je ne suis pas un homme. Je suis une femme. Une femelle de l'espèce humaine. Deux mots distincts. Ça tombe moins bien.

Qu'est-ce que ça change ? Il est probable que vous ne vous soyez même pas posé la question. Avoir droit à un mot unique pour se définir à la fois en tant qu'espèce et en tant qu'individu, c'est voyager en première. Le grand confort. C'est incarner l'espèce entière, en phase avec l'Universel. Représenter la norme. Parler de l'Homme, c'est parler de vous. D'entrée. Au centre du monde. Le genre de détail qui facilite la vie.

En tant que fille, à ce stade, j'en suis déjà à me relativiser. Car quand on parle de l'Homme, on ne parle pas forcément de moi. Ça dépend. Il se peut qu'on parle de moi : l'Homme apparaît sur Terre il y a sept millions d'années. Ou pas du tout : l'Homme a marché sur la Lune en 1969, aucune femme dans le programme spatial de la Nasa à l'époque, ça ne les a pas effleurés. Les responsables (mecs) ont vraisemblablement jugé que les femmes n'en avaient pas la capacité.

J'apprends à me situer par rapport à celui qui s'est placé d'emblée au centre de la photo. Je suis à côté. Relative. Vous n'avez pas idée de l'effet que ça fait. Vous pensez donc que ça n'en fait aucun. Et au besoin vous nous l'expliquez, mais c'est une autre histoire. Vous n'avez pas idée non plus des conséquences.

Ce n'est pas seulement une différence qui est posée. C'est une hiérarchie. On n'est pas seulement à côté, on est aussi plus bas. Et ça change tout. Vous vous identifiez comme l'Un. Et cela fait de moi l'Autre. M'assigne au spécifique.

Beauvoir l'a affirmé : « On ne naît pas femme, on le devient. » Mais ça veut dire quoi, au juste, devenir ce qu'on est déjà ?

Il ne s'agit pas de naître. Et pas davantage d'être. Il s'agit de devenir. De se conformer à un statut. Plus ou moins coercitif selon les époques et les lieux.

Naître femme, c'est naître avec la capacité à porter un enfant et le mettre au monde.

Devenir femme, c'est transformer cette capacité en destin. En vocation. En limite. En malédiction, parfois.

Devenir femme, c'est s'adapter à un statut d'infériorité, l'intérioriser jusqu'à ce qu'il ait l'air aussi naturel que le sexe anatomique.

Ces aménagements, c'est ce qu'on appelle le « genre ». On ne naît pas avec, on l'acquiert.

Le sexe nous fait différentes. Le genre nous fait inférieures. Le sexe est une réalité biologique. Le genre est une construction culturelle.

Quand la grande Simone écrit sa célèbre phrase, elle ne parle évidemment pas sexe, elle parle genre. Devenir une femme, c'est du conditionnement. Du dressage, plus exactement.

C'est qu'il faut nous la vendre, l'idée. Pas celle d'être une fille, qui nous convient parfaitement la plupart du temps. Mais l'idée qu'être une fille, c'est être rangée plus bas sur l'étagère de l'humanité. Et d'en payer le prix. Ça, c'est tellement imbuvable que nous le faire ingurgiter exige d'être entreprise dès le berceau. Et de ne rien laisser au hasard.

Je vous sens un brin agacés. Je vous entends d'ici : « Nous aussi, on subit un conditionnement, mais on n'en fait pas toute une histoire. Chacun sa merde. Faut relativiser, évoluer, passer à autre chose ! »

Personne ne vous tient pour responsables d'une situation qui existait avant vous. Mais si vous n'en faites pas toute une histoire, c'est parce que l'étagère du dessus repose sur celle du dessous. C'est nettement plus confortable, et vous le savez. On tolère beaucoup mieux les injustices dont on bénéficie que celles qu'on subit. C'est humain. Les coups de marteau sur la tête, ça fait moins mal quand c'est la tête de quelqu'un d'autre. On ne vous en veut pas. Pas encore. D'autant plus que tout est fait pour que vous ne preniez pas conscience de l'existence du marteau. La victime a mal au crâne ? Une migraine, sans doute…

Pendant des siècles et des siècles, l'éducation des filles, ça n'existait carrément pas. L'ordre patriarcal a toujours trouvé un charme fou aux femmes analphabètes. Un exemple parmi d'autres: le baccalauréat fut créé en 1808 pour les garçons, et ne devint mixte avec des épreuves identiques qu'en... 1924. Cent seize ans, une paille! Le xxe siècle nous a ouvert écoles et universités. Pas d'un seul coup, non, il a fallu batailler comme des chiffonnières courtoises, parce qu'en plus faut être polies, autrement ça nous les froisse, les maîtres du monde. Secteur par secteur, il a fallu insister, manifester, profiter des fenêtres de tir ouvertes par les guerres, coincer le pouvoir dans ses contradictions. Se battre pour tout, au millimètre, face aux mandarins qui assuraient que non, non, on n'avait pas les capacités, pas les nerfs, ils le savaient, ils lisaient l'avenir dans la peau de couille. On a grignoté, gagné du terrain, et considérablement élargi le champ des possibles. Mais contrairement à ce que croyaient naïvement nos vaillantes aïeules féministes du début xxe, il ne suffit pas d'un diplôme, d'une fiche de paye et d'un bulletin de vote pour sortir de notre statut de Poulidor de la condition humaine. Si en même temps on n'attaque pas le mal à la racine, il se déplace. Se relâche ici, s'installe ailleurs. L'étouffement persiste.

Le message est rodé, qui dit aux filles que désormais elles sont libres autant qu'on peut l'être, autant que les hommes. Ce discours pédagogique, respectable et bien peigné, occupe le terrain en toute sécurité tant il ne suffit pas à changer les choses. Statistiques et diplômes le confirment : les filles font des études brillantes. Mais leurs salaires restent inférieurs. Donc, sur l'essentiel, tout va bien pour l'ordre établi.

Si l'éducation ne suffit pas, c'est qu'elle ne se substitue pas au dressage. Elle ne fait que se greffer sur lui, qui a commencé bien avant. Qui a imprimé sa marque et n'emprunte pas les mêmes circuits. Le dressage agit sur l'inconscient.

Pour bien comprendre comment ça fonctionne, pensez à la pub. La pub, vous connaissez par cœur, elle vous est plus que familière. Elle assaille les yeux et les oreilles, défigure les paysages et met la patience à bout à force de répétition façon marteau piqueur. Mais elle agit aussi, et surtout, à notre insu.

La pub a mille visages, mais une seule mission : vendre, vendre, vendre.

À la télé, le spot est encadré par des jingles, qui permettent de repérer le message : ça passe en mode pub, on en profite pour aller se chercher à boire. Il y a plus discret, au ciné ou dans les séries, avec les furtifs placements de produits. On va jusqu'au subliminal : consignes incrustées dans l'image, invisibles et efficaces. Du tonitruant à l'imperceptible, on passe du conscient à l'inconscient. Bombardement sur plusieurs registres. Efficacité garantie.

Mêmes techniques pour le dressage des filles.

Premier niveau, bruyant, omniprésent :

— Les injonctions directes par les stéréotypes de genre. Tout est balisé. Couleurs, vêtements, coiffures, jouets, livres… Les mères qui ajustent au front de leur bébé un ruban élastique avec un petit nœud-nœud tiennent à signaler qu'on a bien affaire à une petite fille, et qu'on s'occupe déjà de son cas.

Deuxième niveau, du discret au subliminal :

— D'abord la suggestion – images de soi dévalorisantes (perpétuelle seconde, absente de l'Histoire), figures d'identification insignifiantes (mannequins ou miss, interchangeables, invariablement jeunes, jolies, muettes, désirables).

— Puis la manipulation mentale – associations d'idées pernicieuses (faiblesse physique présentée comme valorisante, larmes faciles présentées comme signe de sensibilité, dépendance, vulnérabilité, besoin de protection), mythes mensongers (prince charmant, amour éternel, instinct maternel).

Résultat : énorme tartine, indigeste baratin. Efficace, indélébile. Les fillettes s'adaptent. Tâchent de correspondre à ce qu'on attend d'elles. S'habituent à être jugées. À jouer les seconds rôles. À s'angoisser pour leur physique. À douter de leurs capacités. À s'excuser d'être là. À reproduire un système qui les trahit.

Le dressage n'émet qu'un message : soumission, soumission, soumission. À quoi ? Au patriarcat. Mais le mot n'est jamais prononcé. C'est l'omerta. Silence, on dompte…

Passer inaperçu est gage de succès, tous les services secrets du monde vous le diront. La discrétion est au dressage ce que le gonflage est à la bouée : une garantie d'efficacité. Entend-on jamais le mot patriarcat dans un débat ? Même si on parle des lois en vigueur ? Ou des violences faites aux femmes ? Ou des différences de salaires ? Surtout si c'est de ça qu'on parle.

Le patriarcat est invisible. À la manière de ces insectes mimétiques qui savent faire la feuille d'arbre pour éviter d'être repérés, ou des poulpes dont la peau sait prendre l'aspect du support où ils se posent. C'est un talent indéniable, et s'il préserve la vie des phasmes et des céphalopodes, il préserve tout autant le patriarcat alors que celui-ci est en contradiction frontale avec les grands principes affirmés partout : égalité, justice, démocratie. Se rendre invisible : secret des oppressions réussies ! Les idéologues machistes se feraient débiter les joyeuses en carpaccio plutôt que de reconnaître que le patriarcat existe.

Ce silence a une fonction : faciliter la vie des dominants. Les conforter dans leur sentiment de supériorité. Leur permettre de profiter de leur statut le cœur léger, en l'attribuant à la nature, à la chance, au destin, et pas à un implacable conditionnement des dominées. Regarder ailleurs et vivre comme des enfants gâtés en se berçant de l'illusion qu'être né du bon côté de la barrière est seulement une heureuse coïncidence. Être né en est une, pour sûr. Profiter d'une injustice en est une tout autre.

La femme n'a pas d'autre prédateur naturel que l'homme.

Culture de la violence

Le patriarcat ne se contente pas de régner sur le monde. Il le modèle. Génère une idéologie spécifique. Tout y est rapport de forces, compétition, bataille. Combat de coqs, duel de chefs, marquage de territoire. Le culte des vainqueurs est partout. Où qu'il arrive, le mâle se doit de vaincre. De gagner. De dominer. Tout lui est adversaire, tout lui est hiérarchie. Vous commencez par vous battre entre vous, histoire de vous mettre en jambes. Une fois vos mâles hiérarchies établies, les femmes passent à la moulinette. Réduites à des propriétés dont on se dispute la possession, à qui on refuse toute autonomie et dont on dispose à sa guise.

Ce même principe s'applique à tout le reste : on envahit, on pille, on se gave, et quand on a fini, on va plus loin et on remet ça.

Peuples vaincus, réduits à la misère et à l'esclavage. Ou massacrés.

Animaux sauvages chassés jusqu'à extinction s'ils ont le malheur d'avoir bonne viande et belle peau (bisons) ou de n'avoir aucun moyen de défense (dodos). Animaux domestiques exploités, consommés, mangés.

Paysages dévastés. Terres et rivières empoisonnées. Océans pillés, noyés de plastique. Forêts éventrées, transpercées, incendiées, anéanties. Mines épuisées, abandonnées tripes à l'air, crachant des vapeurs toxiques. Et là-haut, l'espace, où cent cinquante millions de détritus sont abandonnés en orbite, au mépris des conséquences.

Après vous, le déluge.

La testostérone en folie ravage le monde.

Le mâle de l'espèce humaine sème des symboles phalliques partout. Quand il bande, il appelle ça de la « puissance ». En toute simplicité. Il l'affirme, encore et encore. La met en scène, afin que nul n'en ignore. Il crée un hommage permanent à lui-même.

La guerre avec des armes qui se dressent, transpercent, pénètrent, explosent.

Les voitures qui foncent, les motos qui filent, vite, vite, toujours plus vite.

Des tours toujours plus hautes, plus hautes, plus hautes… Qui grattent le ciel et flattent l'ego.

Pérennité patriarcale d'un millénaire inauguré à New York un 11 septembre. Des avions, petits dards des dominés, écroulant les Twin Towers, énorme phallus du maître du monde. Le monde tel que nous le connaissons est un immense champ de bites qui se battent entre elles et détruisent tout. Étouffée, blessée, couturée de cicatrices, la planète porte les stigmates d'une vision du monde tronquée, borgne, manchote. Folle.

Nous les femmes n'y sommes pour rien. Notre infantilisation historique nous permet d'échapper à toute culpabilité. C'est même le seul avantage de notre condition. Nous vous subissons. N'avions pas, n'avons jamais eu, n'avons toujours pas les moyens de prendre les décisions politiques qui nous concernent directement. Pour ce qui concerne tout le monde, nous sommes carrément hors champ.

« Mais, quand même, tu aimes les hommes? » Ils sont nombreux à m'avoir posé la question. Je trouve ça plutôt mignon. Pas très futé, mais mignon. Aimer les hommes, donc. Vous pouvez répondre vous-mêmes. Regardez-vous à travers nos yeux. Pas compliqué: les yeux, c'est mixte. On a la même paire, sur un même nuancier chromatique et avec une acuité aussi variable. C'est la seule zone du corps humain que même les Saoudiennes peuvent laisser à l'air libre sans encourir de punition immédiate, c'est dire. Que verriez-vous alors ?

Qui salope tout et ne nettoie rien ?

Qui pétarade sur son deux-roues à deux heures du mat' ?, voire à toute heure ?

Qui cause les accidents de voiture, les gros, les qui tuent ?

Qui casse les vitrines, détériore les abribus, brûle les poubelles ?

Qui pisse dans les portes cochères ?

Qui coûte cher à la collectivité avec ses conneries ?

Qui écarte les jambes en 10 h 10 sur les sièges du métro et les autres se démerdent ?

Qui nous met une main au cul dans le métro, en boîte, au boulot ?

Qui harcèle, *cat-call*, claque la langue, traite de pute dans la rue ?

Qui se colle au fauteuil quand on débarrasse la table ?

Qui cède volontiers la place quand on en vient à laver, aspirer, nettoyer, balayer, astiquer, *kaz la toujou penpan*, comme dit la chanson ?

Qui nous laisse sans états d'âme et en toute galanterie assumer la charge mentale d'ingénieure en cheffe de l'espace domestique ?

Qui cause les guerres ?

Qui organise les génocides ?

Qui devient dictateur et massacre son propre peuple ?

Qui est responsable du réchauffement climatique ?

Qui se prend pour Dieu et parle en son nom ?

Qui concentre le pognon ?

Qui s'arroge les postes de pouvoir ?

Qui monopolise la politique ?

Qui squatte les parlements ?

Qui a écrit les lois ?

Qui décide à notre place ?

Qui se croit supérieur à n'importe quelle femme ?

Qui emplit les prisons ?

Qui ne supporte pas qu'on rie de lui mais se gondole aux blagues misogynes ?

Qui refuse de mettre une capote ?

Qui envoie des *dickpics* ?

Qui accumule des fortunes par la pornographie et la prostitution ?

Qui avons-nous peur de croiser le soir dans la rue en rentrant à la maison ?

Qui nous filme à notre insu et publie les vidéos ?

Qui abuse dans le porno ?

Qui nous agresse ?

Qui nous viole ?

Qui nous frappe ?

Qui nous vend ?

Qui nous vitriole ?

Qui alimente l'interminable chronique des femmes étranglées, brûlées, noyées, dépecées, démembrées, qu'on retrouve dans les rues, les maisons, au fond des puits, dans des décharges, des poubelles, des rivières, des caves, etc. ?

Qui nous tue ?

Qui nous massacre ?

Qui croit que ce qui vous arrive nous arrive à nous aussi ?

Qui croit que ce qui ne vous arrive pas n'arrive à personne ?

Liste non exhaustive. Mais exténuante. On peut en rajouter, mais est-ce bien nécessaire ? Globalement, vous êtes une plaie.

Violences faites aux femmes, dit-on. On parle de « fléau ». Un fléau est une catastrophe naturelle sur laquelle on n'a pas de prise. Un fléau n'a pas de coupable. Un fléau, on le subit, on tente de résister, de survivre. On a beau le voir venir, on ne saurait l'éviter. Mais les tsunamis, les cyclones, les tornades, les typhons, les séismes, les inondations, les raz de marée, les pluies de sauterelles, de grenouilles, de criquets, font moins de dégâts que vous !

Alors ? Vous vous aimeriez, vous, à notre place ? Le plus hallucinant, c'est qu'on vous aime, en plus !

Parce qu'on est biologiquement programmées pour vous désirer.

Parce qu'on est lessivées du cerveau dès l'enfance dans la valorisation du masculin.

Parce qu'on est manipulées pour prendre au pied de la lettre le mythe du grand amour et du prince charmant, passé en quelques décennies du gugusse en collant sur son cheval blanc à Matt Pokora en perfecto. Et qu'on y croit dur comme fer. Même quand on croit ne plus y croire.

Parce que cet endoctrinement nous condamne à la dépendance affective. Non seulement on vous aime, mais on croit qu'on ne peut pas vivre sans vous.

Quand bien même on ne vous aimerait pas, on rechigne à l'exprimer. On prend conscience très tôt de ce qui attend les récalcitrantes : réprobation, exclusion, rejet. Et pour celles qui décidément persistent : bourre-pif, castagne, et j'en passe. Basique, mais efficace.

Vos épouses, compagnes, fiancées, petites amies, seront une centaine cette année, comme l'année dernière et celle d'avant et ainsi de suite depuis au moins Lascaux, à être assassinées par celui qu'un jour elles ont considéré comme leur amoureux. Sauf que dans votre tête, vous êtes leur propriétaire.

Mille autres exemples pourraient être choisis. D'où vient une telle haine ? Soit vous êtes des prédateurs naturels, et vous n'y pouvez rien. Auquel cas il va falloir qu'on vous empêche de nuire. Soit vous subissez un conditionnement, et il va falloir vous en extirper. Sortir de la caverne. Il ne tient qu'à vous.

Vous n'êtes pas tous en haut de la pyramide, vous n'en venez pas tous à la violence. Pas la peine. Quelques fusillés pour l'exemple suffisent à mater toute rébellion, toutes les armées du monde le savent. Pour les femmes l'intimidation est d'autant plus efficace qu'elles n'ont aucune chance de prévoir d'où viendra le coup. Quelques hommes passant à l'acte suffisent à préserver les intérêts de tous les autres. « Pas tous les hommes » n'est pas un argument. Pour paraphraser la chanson des Restos du cœur de Goldman : c'est pas vraiment votre faute, cette dictature sans fin, mais ça le deviendrait si vous ne faisiez rien. Ou bien faudra-t-il, pour vous échapper, vivre sans vous ?

Être un mec

> « Les hommes ont peur que les femmes se moquent d'eux. Les femmes ont peur que les hommes les tuent. »
>
> Margaret Atwood

Vous aussi, vous êtes dressés, brainwashés. Vous vous en sortez mieux que nous par définition, mais un système pourri ne peut générer que du pourri. Vous aussi, vous morflez. Votre privilège est un cachot. Doré. Cachot quand même.

Quand deux hommes se rencontrent, au premier regard, ils se jaugent et se jugent. Sous-titre : en cas de baston, qui aurait le dessus ? Le rapport de forces se fixe instantanément. Même scénario depuis Cro-Magnon. Celui qui casserait la gueule à l'autre doit dès lors défendre son statut. Et le vaincu virtuel doit se débrouiller pour compenser la frustration. Pression constante. Jeu de domination. Entre mecs.

Le jeu est cruel. Tous les hommes ne peuvent pas en sortir vainqueurs. La plupart sont juste coincés entre plus forts et moins forts. Il leur faut survivre, rester qualifiés ou endurer la frustration. Pour amortir les chocs, sous leurs pieds, un épais tapis de femmes assure un minimum vital d'estime de soi. C'est le SMIC de la virilité. La certitude de nous être supérieurs fait plus que vous réconforter ; elle vous fonde.

Être un homme, c'est avant tout ne pas être une femme, ce serait déchoir. Il vous faut rendre toute confusion impossible. Mépriser les supposés « trucs de fille ». Le marketing surfe sur le concept. Quand Coca lança le Coca Light, la compagnie ne mit pas longtemps à constater que le produit était boudé par les mecs. L'aspartame ? Une lubie de gonzesses toujours au régime ! La moitié du marché qui passe à l'as, hors de question. Coca dégaina le Coca Zéro, même concept, mais emballage différent, sombre et sévère, qui affichait le taux de caféine plutôt que le faux sucre. Succès immédiat.

Où ça va pas se nicher… Au début du confinement, des enquêtes révèlent que parmi les réfractaires au port du masque, on compte beaucoup plus d'hommes que de femmes. Pourquoi ? Parce que porter un masque serait un signe de faiblesse. Et la faiblesse, c'est pour les gonzesses. Au début, ni Trump, ni Bolsonaro, ni Johnson n'en portent. Préfèrent montrer leurs belles têtes de *winners*. Leur popularité vient en partie de leur capacité à incarner cette forme archaïque de masculinité. Graor.

Le syndrome Clint Eastwood a pris un coup de vieux, mais il perdure. Cette virilité taiseuse, méprisante et solitaire, a beau être un carcan de fausses valeurs, elle séduit les nostalgiques du temps où les femmes restaient « à leur place », c'est-à-dire plus bas qu'eux. Quand elles avaient zéro droit. Un paradis perdu pour ceux qui ont besoin d'écraser pour se sentir exister. On les appelle les masculinistes. Leur objectif? S'affirmer en tant que mâles dominateurs. Ces joyeux drilles font des stages en forêt, se peinturlurent en couleurs de guerre, font la danse du scalp autour du feu. Étrangleraient bien un ours à mains nues, mais arrivent à se retenir. C'est plus facile avec les gonzesses.

Vous êtes hauts comme trois pommes à genoux et vos « jeux de garçons » vous incitent déjà à la turbulence et à l'agressivité. On encourage cette brutalité, elle rassure les parents, leur semble garantir qu'ils ne sont pas en train de fabriquer une tapette, ça serait trop la honte. Vous pouvez crier, renverser, salir, on trouve ça pénible mais normal. Et préférable à une douceur suspecte de féminité sous-jacente.

Ça vous accompagne jusqu'à l'âge adulte. Vous avez le droit – le devoir ? – de transgresser, de faire vos intéressants, de chier dans la colle, de jouer les sales gosses.

On aura pour vous toutes les indulgences. Observez les délires sur les plateaux télé quand les invités ou chroniqueurs se lèvent, glapissent, chahutent, grimpent sur les tables, se balancent des verres d'eau à la figure, baissent leur froc et mettent le waï. Ce sont rarement des filles. Elles, maquillées, apprêtées, décolletées, sont invitées à rire des facéties de leurs partenaires. Éternelles faire-valoir de vos audaces. Vous adorez vous considérer, même à un âge avancé, comme de grands gamins insolents. Vous êtes juste des enfants gâtés à qui tout est permis.

Au-delà des meilleures carrières et des meilleurs postes, votre statut de dominant vous vaut des avantages en masse. Votre biologie, vos hormones n'ont jamais servi de prétexte pour vous interdire quelque activité que ce soit. On ne doutera pas par principe de vos capacités. Aucune religion ne dira que votre sexe est maudit, impur, inférieur. Diabolique. Votre corps, votre physique, votre sexe, votre ambition, votre âge seront légitimes. Pratiqués par vous, les sports se font enjeux universels. Vous ne serez pas jugés en permanence. Vous pourrez piquer une colère sans être perçus comme ingérables. Vous pourrez crier sans être taxés d'hystérie. Vous sortirez la nuit sans inquiétude. Vous sortirez le jour, et ni dans la rue ni dans le métro, on ne vous insultera ni ne vous mettra la main aux fesses. Vous porterez des chaussures qui laissent marcher et des vêtements qui laissent respirer. Vous baiserez quand et avec qui vous voulez sans ruiner votre réputation. Même fauchés, vous pourrez traverser la vie sans repasser une chemise ou récurer les chiottes. L'Histoire ne parlera que de vos semblables. Le langage s'accordera à vous.

Vous n'en avez pas conscience, parce qu'ayant toujours vécu à l'intérieur de ce cocon, il ne vous est pas perceptible. Les bénéfices sont immédiats : confiance, assurance, image positive, légitimité, certitude d'avoir des droits. Ça vous ouate la vie. Pourquoi renonceriez-vous à être ce type d'homme quand il y a tant d'avantages à l'être ?

Nous, qui vivons hors cocon, ça nous saute aux yeux.

Mais un cocon n'en est pas moins fragile. Tirer sur un seul fil risque de l'anéantir. C'est comme vivre dans une boule de neige. À la merci d'un coup de chaud…

Craindre la défaite, tout faire pour l'éviter. Placer son honneur dans son ego. Se soumettre à des codes asphyxiants. Mépriser sa vie au point de la risquer dans des défis imbéciles. Se barricader mentalement, atrophier sa sensibilité, ne pas pleurer, ne pas montrer ses sentiments au point qu'on finit par s'en isoler, par les oublier. Et renoncer par là à une partie de soi-même. C'est de l'automutilation. Les conséquences? Ego précaire, basse résistance au stress, perméabilité à l'humiliation réelle ou ressentie. Entre les diktats de la hiérarchie, du rapport de forces, de la compétition, la vie rétrécit. Se réduit à une étroite affirmation de soi qui a constamment besoin de signes rassurants. La carapace est friable. Archétype? Donald Trump, encore! Une vraie mine! Élevé dans une institution militaire viriliste où on brisa sa personnalité jusqu'au misérable résultat visible par tous, il sollicite sans arrêt les compliments, les louanges, les flatteries. Qu'on l'en prive, et il s'écroule. Sa force supposée a des fragilités de meringue. Être construit sur des sables mouvants, reposer sur une chimère, pas facile. Modèle assez attractif cependant pour être élu président de la première puissance mondiale.

Or personne n'est le plus fort. Personne n'est le plus puissant. Personne n'est supérieur à personne. Ça ne marche pas comme ça. Si plus forts vous l'étiez naturellement, pourquoi vous donner tant de mal pour le démontrer? Si votre supériorité était réelle, pourquoi tant de béquilles pour la soutenir? Pourquoi nous interdire d'étudier, de sortir, de jouir? Pourquoi nous clouer au sol comme des Boeing en confinement ? Seriez-vous des colosses aux pieds d'argile ? Votre puissance, un château de cartes à la merci de la moindre pichenette ?

Nous, nous voyons les coulisses. L'envers du décor. Nous vivons au plus près de vous. Savons vos failles. Quand vous redevenez petit garçon, en grand besoin d'être consolé, c'est dans nos bras que vous vous recroquevillez en quête d'un répit, d'une respiration. Et vous vous en voulez de ces instants de ce qui vous apparaît comme de la faiblesse. Qu'on ne vous a jamais appris à considérer comme votre humanité profonde mais comme un talon d'Achille, une honte. Que vous n'assumez pas. C'est ça qui vous rend dangereux. C'est ça qui vous rend méchants. C'est ça qui a engendré la culture de la violence qui est la nôtre et qu'on ne condamne que du bout des lèvres. La brutalité est présentée comme séduisante, sexy, glamour. La violence apparaît comme le meilleur moyen de résoudre un problème.

Les hommes tuent les femmes. Les hommes se tuent entre eux. Le jeu est si absurde que même les mâles alpha sont perdants et malheureux. Le résultat final est un champ de ruines. Frustration, douleur, malheur. Le patriarcat, c'est le chaos.

Tout le monde a une prostate

Oui, mille fois oui, les femmes sont aujourd'hui plus libres que leurs mères, grands-mères et arrière-grands-mères. En déduire que ce fut une promenade au clair de lune serait une erreur. Et c'est loin d'être fini.

« Trois pas en avant, trois pas en arrière, trois pas sur l'côté, trois pas de l'aut' côté… », chantait avec à-propos un slogan des années soixante-dix. Le mouvement procède par à-coups, en une succession de conquêtes, de stagnations et même de reculs. « Ça s'en va et ça revient », aurait fredonné Claude François. À chaque avancée que nous vivons comme une victoire, l'ordre établi trouve une parade. Parfois prévisible, parfois inattendue. Le patriarcat a des moyens que nous n'avons pas : ceux que lui offrent des millénaires d'oppression.

Conquérir nos droits, c'est comme épiler un mammouth à la pince. Dès qu'on a réussi à éclaircir une portion de terrain, on s'aperçoit que ça a repoussé de l'autre côté. Quels que soient les coups qu'on lui porte, la bête, telle l'hydre de Lerne, renaît de ses blessures avec l'humeur mordeuse.

Années quatre-vingt-dix : la vague féministe des années soixante-dix commence à refluer sous les coups de boutoir d'une puissante campagne médiatique. Depuis vingt ans qu'on le remet en cause, le patriarcat a les boules. En 1991, Susan Faludi, féministe américaine, constate les dégâts. Elle publie aux USA *Backlash: la guerre froide contre les femmes*. *Backlash* est le mot anglais pour « retour de manivelle ». Faludi y analyse les mécanismes d'autodéfense de l'ordre établi, dépeint le versant antiféministe de l'offensive idéologique néolibérale de Reagan et Thatcher, alors à son apogée. Le livre est brillant, documenté, indéniable. Sa traduction paraît en France en 1993. On changeait d'époque. La victoire annoncée des plus forts, des *winners*, signifiait aussi l'hostilité ouverte envers les valeurs féministes qui avaient marqué les deux décennies précédentes.

Tout le monde s'était mis à tailler un costard aux féministes : laides, tristes, frustrées, mal baisées, lesbiennes, blablabla… Logique masculine en roue libre. L'avantage des dominants, c'est qu'ils n'ont pas besoin de réfléchir avant d'ouvrir leur grande gueule. Mais à nous qui suivions les grandes sœurs soixante-huitardes, on ne pouvait pas raconter n'importe quoi. Nous savions ce que nous leur devions. Nous étions les premières bénéficiaires de leurs combats. Les premières à mener une vie dont nos propres mères n'auraient pas osé rêver dans leurs délires les plus fous. Les féministes réinventaient la politique, imaginaient des slogans irrésistibles, créaient une pensée inédite, analysaient les mécanismes de l'oppression dans toutes ses dimensions, concevaient un autre monde dans une extraordinaire effervescence intellectuelle qui élargissait les champs de réflexion, dans tous les sens, dans une ivresse d'explorer, d'expérimenter et de connaître. Et on les aurait trouvées chiantes ? Je lisais avec exaltation les grandes anglo-saxonnes, Kate Millett, Shulamith Firestone, Susan Brownmiller, Germaine Greer, Valerie Solanas, Gloria Steinem, en surlignant les passages les plus éblouissants pour les traduire aux copines. Nous étions féministes, écolos, pacifistes, universalistes, nous avions conscience d'éclairer le monde, et en plus on se marrait. Quand j'entends parler aujourd'hui des féministes par des ignares, c'est un proverbe espagnol qui me vient à l'esprit : « On ne m'enlèvera pas ce que j'ai dansé… » Se sentir exister, jubiler, rire, découvrir aux côtés des autres que notre vie, on allait se la créer nous-mêmes, se l'inventer ensemble, était grisant. Ça me tient encore chaud.

Dès lors, les gesticulations de commentateurs médiatiques qui ne pigeaient rien ne risquaient pas de nous ébranler. Déjà, à l'époque, Pascal Bruckner tourna en dérision *Backlash* dans *Elle*. Il ne comprenait pas, il ne voulait pas comprendre. Il appartenait à l'élite qui s'arroge le droit de penser à la place des autres. Quarante ans plus tard, il joue toujours la même partition pleurnicheuse. Il est loin d'être seul. Lui et ses pairs abondent, pérorent, se ridiculisent sur les ondes et les écrans. Pathétique.

En 1995, j'ajoute mon grain de sel. Je publie *Et encore, je m'retiens!* J'y traite le machisme au quotidien par la dérision. Je me dis que faire marrer les mecs est la meilleure manière de les rallier à la cause. On reprochait beaucoup aux féministes de n'avoir aucun humour, j'allais prouver le contraire. J'étais bien placée pour savoir qu'on rigolait ferme chez les féministes, mais ça ne sortait pas de nos cercles. Nous étions quasi clandestines.

J'avais rédigé ce premier livre avec l'idée que le plus dur était fait, la bataille derrière nous. Qu'il suffirait d'une dernière pichenette pour faire basculer en douceur les hommes de bonne volonté de notre côté, tant le bon sens et la plus élémentaire notion de justice plaidaient pour nous. Naïve ? Pour le moins. Je voyais le patriarcat à l'agonie, persuadée que ma génération avait eu sa peau, son vieux cul et ses vieilles couilles. Nos petites sœurs s'envoleraient de là où nous étions arrivées et prendraient le relais sans avoir à batailler comme des forcenées. Impossible, avec deux sous d'intelligence, de défendre le patriarcat. Je saurais me montrer pédagogique, logique, paisible, pour que tout le monde, femmes et hommes, adhère à cette simple idée d'égalité qui fanfaronne depuis deux siècles sur la devise de la République.

J'étais pleine d'illusions. En particulier sur vous, les hommes. J'étais persuadée que seul un manque d'information provoquait les comportements sexistes. J'avais foi en la bienveillance. Mon histoire personnelle me poussait à l'optimisme. J'étais ce qu'on appelle une femme qui réussit, une « battante » comme on disait dans les années quatre-vingts du siècle dernier. Le mythe de la réussite au féminin avait toujours sonné creux à mes oreilles, mais parce qu'on voit midi à sa porte, j'étais persuadée qu'il suffisait d'énoncer des évidences pour les faire accepter. Or le terme « féministe » se trouvait le plus souvent accolé à « anti-mecs ». Plus de débat possible. Au point que certaines militantes, croyant éviter l'objection, n'employaient plus le mot « féminisme ». Je refusai cette capitulation, jugeai plus habile d'avoir recours à l'ironie. Je pensais mettre les rieurs de mon côté. Dans un premier temps, cela fonctionna. J'avais très nettement sous-estimé l'adversaire.

J'avais consacré quelques lignes d'*Et encore, je m'retiens!* à l'émission de Philippe Bouvard *Les Grosses Têtes*, dont je brocardai la misogynie sur un ton badin. Il eut le bon goût de s'en amuser et le fair-play de m'intégrer dans son équipe. L'automne 1995 marqua mon entrée dans les médias. Pas par la porte militante, mais par celle de l'écriture et de l'humour. J'en étais ravie.

En 1999, avec des compagnes de route, je créai Chiennes de garde. MeToo était encore très loin. L'image des féministes déplorable. Le *backlash* battait son plein. Les pages féministes avaient disparu des magazines, le retour des talons aiguilles était salué par des pimprenelles qui assuraient que les femmes se sentaient non seulement sexy mais parfaitement à leur aise sur ces échasses tueuses de lombaires.

Par ailleurs, de nouveaux livres en différents programmes, de Bouvard en Ruquier, je devins, au début du millénaire, une sorte de féministe de service à la télévision. On m'invitait sur les plateaux. J'y constatais que pour mes hôtes, les féministes étaient une bande d'étriquées. Coupeuses, dans le meilleur des cas, de cheveux en quatre. Sectaires. Des vilaines à œillères. Parfois, mon appartenance à Chiennes de garde me transformait d'emblée en punching-ball. J'observais. À l'instar du petit héros du film *Sixième Sens*, je voyais des choses que les autres ne voyaient pas. Les rouages et mécanismes de la maison patriarcale me sautaient aux yeux et me grinçaient dans les oreilles. Expérience singulière. Une espèce de *Rendez-vous en terre inconnue*. De plongée en idéologie dominante. Je me sentais comme Cousteau, lâchée parmi les mérous.

Un jour, sur un plateau, je me trouve face à un célébrissime animateur, Christophe Dechavanne pour ne pas le nommer. Il prononce la phrase suivante : « Tout le monde a une prostate. »

Je me sens de préciser : « Non. »

Il me regarde, dérouté : « Si, évidemment, tout le monde a une prostate.

– Non.

– Ben si !

– Ben non !

– *(Du ton de l'évidence)* Une prostate !

– *(Pédagogique)* Non… Pas moi…

– Ah d'accord… »

Sur un ton qui veut clairement dire « elle chipote », il a un geste de la main comme pour balayer mes propos, par trop insignifiants. Il ne connaît pas le mot androcentrisme. Moi oui. À l'école, j'ai appris que le suffrage universel, dans notre République française, a été institué en 1848. Universel ? Euh… Limité à la moitié masculine de la population. Les femmes n'obtiendront le droit de vote qu'en 1944, quatre-vingt-seize ans plus tard. Pour le sexe dominant, est universel ce qui le concerne, dans un saisissant rétrécissement de perspective. La prostate parle pour tout le monde. La prostate est la norme. Évidemment, dans cette logique, le féminisme apparaît comme un compartiment façon boîte à gants dans un tableau de bord. Une chapelle. Une arrière-boutique de la pensée. Une limite à la perception du monde.

Un autre jour, sur une autre chaîne, émission animée par un duo d'humoristes. L'un des deux me lance, hilare : « Vous vous occupez de la libération des femmes. À quand la SPA ? » Il ignorait sans doute qu'assimiler les femmes aux animaux est une vieille habitude patriarcale. De tous temps, philosophes et théologiens ont nié aux femmes le statut d'humain à part entière. Je sais qu'à ce moment-là on s'attend à ce que je me drape dans ma dignité offensée : « Mais je suis un être humain ! » On pourra alors me railler, second degré, second degré... Sauf que je n'en suis pas là du tout, et je réponds (de mémoire) : « Vous ne croyez pas si bien dire. Oui, en tant que féministe, je suis profondément solidaire des animaux, dépourvus de droits et en butte à la loi du plus fort. Oserai-je ajouter que je me sens plus flattée si on me compare à une lionne, une vache ou un papillon qu'à certains mâles de ma propre espèce ? »

À l'époque, je chronique dans une quotidienne animée par Laurent Ruquier sur le service public. Rubrique divertissement. Divertissement signifie qu'en aucun cas il ne s'agit d'une tribune politique, où un certain type de langage militant aurait été le bienvenu. Quand le sujet du jour s'y prêtait, j'en profitais toutefois pour balancer un point de vue féministe en prenant soin de ne pas me laisser enfermer dans le mode expert qui tue le discours. Je me souviens avoir affirmé que la loi interdisant aux femmes de porter un pantalon n'était certes pas appliquée, mais encore bien réelle. Tout le plateau se paya ma tête. Vérification faite, j'avais raison. Cette loi ne fut en effet abrogée que plusieurs années plus tard, en 2012. Mais j'avais eu l'occasion de le dire, et c'était bien.

Parfois j'échouais à tirer mon épingle du jeu. Contester l'ordre établi est plus compliqué qu'il n'y paraît. Entre le défenseur du statu quo et celle qui le réfute, le combat n'est ni égal ni loyal. Le premier pose son postérieur sur des millénaires de patriarcat qui lui ont façonné une culture, un langage, une morale sur mesure. Ça lui mâche la tâche. Pas besoin de penser, il suffit d'exprimer une pensée pré-élaborée à son intention. La seconde doit exposer un point de vue inédit. Trouver les mots, créer d'éventuels néologismes, rendre immédiatement compréhensibles des notions qui ont nécessité tout un questionnement, une analyse. Stimulant, mais risqué.

Nous sommes en octobre 2002. Un des sujets de l'émission du jour est la nudité dans la pub. La nudité des femmes, bien sûr. Sujet bateau, mille fois traité, mille fois dénoncé par les féministes. En invité plateau, un publicitaire très content de lui (pléonasme), un de ces mercenaires qui sont à l'éthique ce que le camelot qui vend des épluche-légumes dans un parapluie retourné devant les Galeries Lafayette est à la subtilité. La pub à base de femmes débitées, tronçonnées, pour promouvoir tout et n'importe quoi, c'est son fonds de commerce. À lui et aux autres. Élisabeth Badinter elle-même, la féministe la plus respectée de France, doit sa fortune à la pub et la pub doit sa fortune aux femmes à poil. Personne ne songe jamais à le lui faire remarquer. Ce n'est ni le lieu ni l'heure de lancer le débat sur ce genre de base. Mon intention est de balancer un mot, un mot puissant dans une courte phrase, dont j'espère qu'il atteindra le public et stimulera éventuellement sa réflexion sur ce sujet rebattu.

Je me sens chez moi sur le plateau, sous la férule bienveillante de Ruquier, le moniteur de la colo. Pas le moins du monde en danger. Comme souvent, je porte une tenue décolletée. Et ça, fallait pas !

Petite parenthèse sur la présentation vestimentaire télévisuelle. Femmes et hommes ne sont évidemment pas logés à la même enseigne. Pour les hommes, un tee-shirt et une veste, ou une chemise, suffisent. Pour les femmes, il est conseillé, mais non obligatoire, de jouer la carte de la séduction. Jolies tenues, maquillage et coiffure super-chiadés par des professionnelles aux petits soins. La loge de maquillage est un mini-gynécée. On bavarde, on rit, on se fait poupouner. Et le résultat est bluffant, bravo les filles ! En ce qui me concerne, je joue le jeu avec délectation. Après des années de conseil financier en tailleur strict et chignon serré, je m'éclate entre mes tenues à moi et celles qu'on me prête. Oui, je suis féministe et coquette, comme ma mère l'était. Les trucs de fille, j'adore. Être une fille peut être très très joyeux, et je ne boude pas mon plaisir. Contradiction ? Pas à mes yeux. Et quand bien même, peu importe. Je m'habille à l'écran comme dans la vie. Comme je veux. Ce jour-là, donc, je porte un haut décolleté, en velours dévoré, fort seyant à mon goût.

Revenons sur le plateau. Gérard Miller, pour lancer le débat, m'interpelle, sur le mode symétrie des sexes peu compatible avec la plus élémentaire culture politique, mais dénué d'agressivité : « Et si c'était des hommes, à poil, est-ce que ça scandaliserait les féministes ? » Pas le moment de parlementer sur la différence entre la nudité des dominants et celle des dominés. J'opte pour une considération plus générale et lapidaire : le problème avec la pub ? Le message est totalitaire, on ne peut y échapper.

Le publicitaire intervient. Pas sur la question elle-même. Difficile de défendre la façon dont la pub use des femmes comme d'un matériel. Il est plus simple de m'agresser moi, en tant que personne, en tant que femme. Je connais ce regard, nous le connaissons toutes. Mépris, cynisme, ironie. C'est le regard du mec qui s'apprête, mine de rien, en mode faux-derche, à me disqualifier : « … Je trouve extrêmement rassurant que la présidente des Chiennes de garde arrive presque nue sur un plateau. » Presque nue ? Le mec n'a aucune répartie, il n'en a pas besoin. Des siècles de domination patriarcale lui font un marchepied d'où lâcher un scud humiliant. Nous entrons ici dans la rubrique « pile tu perds, face tu ne gagnes pas ». Que je porte des vêtements stricts, il pourra me taxer de puritanisme coincé allergique au corps et à sa beauté. Je porte un haut décolleté ? Étant à moitié nue, donc à moitié pute, je ne saurais dénoncer ce que je pratique. Simple comme bonjour, vieux comme le monde. Agression caractérisée. Mes collègues chroniqueuses ont beau prendre ma défense, il est impossible de rendre au malotru la monnaie de sa pièce sur le même registre. Ni sa tenue, ni son aspect, ni son corps ne font partie de la question. Il est un homme. Hors d'atteinte.

Le sujet du jour passe à l'as. Oubliée la pub. La femme-objet féministe, c'est autrement croustillant.

Le lendemain, je débarque dans l'émission en sweat à capuche zippé jusqu'au menton, et déclare (de mémoire…) quelque chose comme : « Pensez-vous que ce que je dis quand je suis habillée comme ça doit être jugé différemment si je suis habillée comme ceci ? » et j'enlève le sweat pour dévoiler un de mes décolletés habituels.

Quelques jours plus tard, dans *Libé*, sous la plume d'un écrivain dont j'aime les livres (séparer l'artiste de l'homme…), paraît un article intitulé « Les seins ». Les miens, en l'occurrence. Sur un ton condescendant, à la fois pour le côté popu de l'émission (c'est *Libé*, quand même) et pour ma personne, j'y suis caricaturée. On ne perçoit pas du tout l'agression. Juste une nana qui n'a pas pigé qu'il faut savoir s'habiller comme il faut, autrement pas la peine de la ramener. La vie quotidienne à Macholand.

Un matin d'avril 2020, devant mon ordi, en plein confinement, j'écoute Inter, en sirotant mon café. La version corona-compatible de l'émission d'Augustin Trapenard est privée d'invité. L'animateur a choisi de lire, chaque jour, aux alentours de neuf heures, une lettre d'écrivain. Ce matin, elle est signée par l'auteur de cet article, paru dix-huit ans plus tôt. Il a choisi, sur fond de la bouleversante chanson *Les Passantes*, d'exprimer son empathie vis-à-vis de celles qui sont en train de subir le confinement en compagnie de leur tortionnaire, l'homme qui les bat. La violence extrême lui est désormais perceptible. À la bonne heure !

Des agressions verbales, des coups bas, j'en ai beaucoup pris, dans l'indifférence ou le « bien fait pour elle ! » À moi de rester combative, garder la distance, préserver mon souffle. Et rire de moi-même, pour garder l'élan. Je me fais penser aux Chevaliers du Ni des Monty Python, au mec en armure qui pisse le sang et continue à invectiver (« Tkss, tkss, poule mouillée, bats-toi si tu l'oses ! ») celui qui lui a déjà coupé les deux jambes et les deux bras. Mais pas la langue.

Dire que les féministes n'ont pas leurs quartiers dans les médias est un euphémisme. C'est à ce moment-là que la technologie, tel Zorro surgissant hors de la nuit, nous sauve la mise. Internet change la donne. Nous décidons de ce que nous publions. Je crée ma page, ma tribune à moi sur la Toile. En 2009, l'affaire Polanski, qui date des années soixante-dix, revient sur le devant de la scène. Les aboyeurs habituels se mettent à déchiqueter la victime. Je vous livre ma réaction de l'époque. On en était là, en termes de « *male gaze* », de regard masculin :

« Il s'est trouvé un chroniqueur, Frédéric Bonnaud, sur le plateau de Guillaume Durand (*L'Objet du scandale*, France 2, le 30 septembre 2009), pour utiliser des arguments que l'on croyait oubliés depuis des décennies et qui ressortent spontanément dès qu'on touche au sacro-saint droit à abuser des femmes. Pêle-mêle, Frédéric Bonnaud assène que la "jeune femme" (sic) n'avait pas vraiment treize ans, mais presque quatorze (ça change tout, pas vrai ?), et que, de surcroît, elle avait l'air d'en avoir... seize à dix-sept ! Ah, la traîtresse, la manipulatrice ! De plus, elle avait perdu sa virginité à l'âge de... huit ans ! Frédéric Bonnaud n'en déduit pas qu'elle a été violée à un âge plus que tendre (quoique, on peut imaginer qu'à l'époque elle en avait presque neuf et qu'elle en paraissait onze, cette faux jeton), mais qu'elle avait déjà "une vie sexuelle active". Déchiffrons le message de Bonnaud : c'était pas une première main, peut-on alors parler de viol ? D'autant plus, ajoute-t-il, que la petite (pardon, la trompeuse femme de presque quatorze ans qui n'en était pas à son coup d'essai...) avait l'habitude de se droguer ! Que voulez-vous qu'il fasse, ce pauvre Roman, à peine âgé de quarante-trois ans, avec sa petite taille et sa frimousse enfantine ? Le malheureux a été abusé dans sa candeur par les agissements sournois de la gueuse qui avait des heures de vol ! Il ne s'est trouvé personne sur le plateau pour réagir aux propos de Bonnaud à la mesure de leur dégueulasserie. Et face à l'écran on se demande à quoi peut ressembler la vie sexuelle de quelqu'un qui tient un tel discours. Misère, encore… »

Ce monsieur est-il toujours directeur de la Cinémathèque française ?

Backlash

Et maintenant ? Le *backlash* est un mouvement de fond. Il s'adapte au terrain, contre-attaque. Des offensives inconnues surgissent, des lignes de front inédites se dessinent, qu'on n'aurait pas imaginées. De nouvelles batailles se superposent à celles qu'on n'avait pas encore tout à fait gagnées. La surface de mammouth à épiler gagne des hectares inattendus.

Les hommes détruisent la vie des femmes comme les patrons détruisent celle des ouvriers : sans y attacher d'importance, sans états d'âme, sans y penser, sans que la douleur qu'ils infligent leur soit perceptible. Ça marche comme ça, les rapports de domination. Le poids médiatique d'une statue de plâtre cassée par les gilets jaunes est de très loin supérieur à celui d'une famille explosée par un licenciement. De même, on nous inonde du récit de ces pères privés de leurs enfants par un divorce. Fictions et chansons mettent en scène le désarroi des pères.

« Mon fils, ma bataille, fallait pas qu'elle s'en aille. » En réalité, mais ça inspire moins les chanteurs, les pères en détresse sont infiniment moins nombreux que les mères broyées par la démission paternelle et le non-paiement des pensions alimentaires. Dans leur livre paru en 2020, *Le Genre du capital* (La Découverte), deux chercheuses, Céline Bessière et Sibylle Gollac, après vingt ans de recherches, synthétisent la situation: « La justice familiale transforme les femmes en mendiantes et les hommes en bons princes. » Vous dites? Deux poids deux mesures? N'oublions pas, dans ce sinistre bilan, celles qu'on condamne à de la prison ferme pour non-présentation d'enfant à un père violent, incestueux dans certains cas. Ou celles qui vivent des années sous le même toit que leur tyran, dans la terreur et le silence. Etc.

Rappelons aux optimistes qui pensent qu'un retour en arrière est impossible que le patriarcat est la plus ancienne des oppressions. Puissante, emberlificotée. Enracinée au plus profond, omniprésente sur la planète. Son système d'anticorps est huilé façon culturiste: chaque fois qu'il est remis en cause, que sa perpétuation est menacée, on voit se lever une cohorte de laquais de l'ordre mâle, prête à en découdre. Le débat à la loyale n'est pas leur style tant ils ont tort et tant ils le savent.

J'en reviens à Polanski, affaire emblématique entre toutes puisqu'elle occupe la scène médiatique depuis plus de quarante ans. Elle en devient une sorte de thermomètre de l'autodéfense machiste. La cérémonie des Césars 2020 est restée dans les mémoires. Florence Foresti osa ironiser sur le maître, et Adèle Haenel quitter le théâtre à l'annonce de la victoire du chenu cinéaste.

Quelques jours plus tard, on va avoir droit à un échantillon significatif de *backlash* en action. Nous sommes sur Europe 1, le 5 mars 2020. L'officiant s'appelle Frédéric Beigbeder. Il est un membre parmi d'autres de ce *boys' club* qui a *open bar* dans les médias. Pour les louper, il faudrait être sourde, aveugle et déconnectée.

Beigbeder monte au créneau et délivre ce qui est qualifié sur YouTube de « billet au vitriol ». On pourrait aussi bien dire « vomi de bile ».

Il est instructif de décortiquer point par point comment s'articule une attaque en règle contre une action féministe. Je le reprends au mot près.

C'est de la radio filmée. Le cœur sur la main, l'intonation modeste, le ton neutre, Beigbeder mime le bon garçon, mais il va jouer les procureurs : « Ma tête va être mise à prix après ça. »

Sa tête mise à prix ? Évidemment non. Quand on s'appelle Beigbeder, on ne court strictement aucun risque et on le sait. Mais « tête mise à prix », ça donne le ton : c'est lui le persécuté.

« M'en fous parce que je suis pas sur les réseaux sociaux. »

Non. Il n'y est pas. Qu'y ferait-il ? Dès qu'il croit avoir quelque chose à dire, il a accès direct aux médias mainstream, dispose d'une rampe de sapeur-pompier entre ses élucubrations et les micros tendus pour les recueillir.

« Je pense que je peux être sincère. »

Pour le coup, ça ne fait pas l'ombre d'un doute ! Ça vient des tripes !

« La cérémonie des Césars a confirmé de façon particulièrement… Je recommence. Bon, pardon : la cérémonie des Césars a confirmé de façon particulièrement répugnante tout ce que je dénonce dans mon livre sur le rire dictatorial. »

Le pauvre, tellement ému dans sa sincérité qu'il en bafouille. Emploie déjà le mot « dictatorial », ça pose l'ambiance…

« Une soirée qui devrait être un hommage au cinéma est devenue un festival de stand-up pitoyable. Une meute de hyènes en roue libre. »

Hyènes en roue libre ? Mazette ! Hyènes ? Quelle trouvaille ! Le mot, phoniquement proche de « haine », peaufine la mise en condition. « Pitoyable » sert de poteau indicateur, au cas où vous n'auriez pas compris dans quelle catégorie on doit ranger lesdites hyènes.

« Chacun y est allé de son sketch pas drôle comme dans un spectacle du Club Med. »

Coup de griffe à Foresti, qui n'atteindrait qu'un niveau amateur de bas étage, c'est bien connu. Choix sémantique délibéré. Mépris de classe. Beigbeder s'octroie, lui, ce droit de juger qu'il nie aux autres.

« Où est passé le cinéma ? »

Bonne question ! Des dizaines de films réalisés cette année-là, par des hommes ou des femmes, des stars ou des inconnus, passent à la trappe, on préfère aller au secours de la victoire et nommer douze fois un film à succès réalisé par une gloire confirmée, un vieux monsieur croulant déjà sous les hommages. Où est passé le cinéma ? Nous sommes d'accord. Moi aussi, je m'interroge.

« Cette pauvre Florence Foresti qui s'est fait connaître par ses imitations costumées chez Ruquier se prend désormais pour une grande intellectuelle obligée de dispenser son opinion sur le bien et le mal. »

« Pauvre » : distiller un peu de dédain supplémentaire ne saurait nuire. Oui, Foresti a bâti sa carrière petit à petit (elle n'est pas, elle, fille d'archevêque) et ne doit son succès qu'à son talent, démontré entre autres chez Ruquier – que, par ailleurs, Beigbeder ne dédaigne pas pour ses promos. Seuls les « grands intellectuels » auraient donc non seulement la capacité à distinguer le bien du mal, mais aussi le droit d'exprimer une opinion.

« Elle plaisante sur la taille de Polanski pour l'enfoncer en son absence, la même tête de Turc pendant trois heures. Elle ne connaît rien ni au cinéma ni au droit pénal, mais on lui confie le pouvoir et elle s'en sert avec une violence absolue. »

Comparons, comparons. D'un côté, Foresti qualifie Polanski de Schtroumpf, le baptise Atchoum. Caricature. De l'autre, un homme de quarante-six ans drogue et viole une fille de treize ans. Crime. Où est la « violence absolue » ? Entre caricature et crime, Beigbeder ne saurait hésiter. La violence ? Mais du côté de Foresti, bien sûr ! « Ab-so-lue », même !

« Le Tribunal fédéral suisse a jugé que Polanski avait purgé sa peine. Florence Foresti et Adèle Haenel s'improvisent juges. Sont-elles plus compétentes pour dire le droit que le Tribunal fédéral suisse, juridiction suprême de la confédération helvétique? Elle se dit écœurée, elle est écœurante. »

Beigbeder reproche à Foresti et Haenel de s'improviser juges alors qu'elles n'en ont pas la compétence. Mais lui, que fait-il d'autre? Non, le Tribunal fédéral suisse n'a jamais jugé que Polanski avait purgé sa peine. Les Suisses n'ont jugé que de la demande d'extradition émise par les États-Unis, ce qui n'a rien à voir. Il s'agit de vice de forme concernant cette demande, pas de jugement sur le fond. Beigbeder mélange tout, préfère se boursoufler la lippe d'une rafale de mots ampoulés, supposés impressionner l'auditoire: tribunal, fédéral, suisse, juridiction, suprême, confédération, helvétique, ça se pose là. Mots perchés au faîte de l'ordre établi, patriarcal, financier, de ce pays qui doit en partie sa prospérité à l'accueil de mafieux et dictateurs de tout poil à travers la planète, et détient le record de l'accès le plus tardif des femmes au droit de vote: 1971! Ça devrait clouer le bec à Foresti et Haenel?

« La bien-pensance est une intolérance. »

Il est bien placé pour le savoir. La bien-pensance, pensée dominante des privilégiés bien dans les clous, bien dans la tradition, ce grand bourgeois l'incarne mieux que quiconque. Il est de ceux qui s'arrogent tous les droits. Avec la bonne conscience de ceux qui ont grandi, sévi et créé à l'ombre propice de la culture du viol. Au nom du génie, excusez du peu !

« Comment expliquer à une comique professionnelle que le grand art se situe par-delà le bien et le mal ? Que signifie cette blague : "*J'accuse*, un film sur la pédophilie dans les années soixante-dix" ? »

C'est vrai, ça ! Où Foresti est-elle allée chercher ce rapprochement entre Dreyfus et Polanski ?

« C'est une plaisanterie ? »

Oui. Elle essaie de plaisanter. Elle a du mérite. Mais ce rapprochement, Foresti ne l'a pas inventé, il apparaît en toutes lettres dans le dossier de presse du film, où figure une interview de Polanski en personne. Copié-collé :

Question posée à Polanski : « Ce film a été comme une catharsis pour vous ? »

Réponse de Polanski : « Non, je ne travaille pas comme ça. Mon travail n'est pas une thérapie. En revanche, je dois dire que je connais bon nombre de mécanismes de persécution qui sont à l'œuvre dans ce film et que cela m'a évidemment inspiré [...]. Des histoires aberrantes de femmes que je n'ai jamais vues de ma vie et qui m'accusent de choses qui se seraient déroulées il y a plus d'un demi-siècle. »

Donc « cette blague » dont notre justicier conteste la pertinence n'en est pas une. Le rapprochement vient de Polanski lui-même quand il déclare : « Je connais bon nombre de mécanismes de persécution qui sont à l'œuvre dans ce film et cela m'a évidemment inspiré. »

Puis Beigbeder ramène sa science, se fait pédagogue : « *J'accuse* est le titre d'un article d'Émile Zola qui dénonçait une injustice comme Voltaire lors de l'affaire Calas. »

Il en sait, des choses ! Il n'est pas un « comique professionnel », lui. Il a de la culture. De la référence. Et hop ! Voltaire dans la boucle ! Ça hausse le niveau ! Il insiste, avec une légèreté de pachyderme : « En réduisant *J'accuse* au casier judiciaire de son réalisateur, ce qu'elle ne fait pas avec Ladj Ly, Florence Foresti ne se rend même pas compte qu'elle reproduit l'injustice de l'affaire Dreyfus. »

Elle ne se rend même pas compte ? Trop simplette. Elle reproduit l'injustice ? Faudrait savoir : il y a lien ou il n'y a pas lien. Peut-on à la fois qualifier de blague le rapprochement Polanski-Dreyfus fait par Foresti, puis l'affirmer pour s'en servir contre elle ?

Et de quoi ne se rend-elle pas compte ?

« Elle condamne cinquante ans après les faits, considère que de nouvelles accusations prescrites et non prouvées suffisent à… »

Là, on donne dans le grand fourre-tout : « cinquante ans après les faits », ça veut dire qu'il parle de la toute première affaire qui a fait l'objet d'une condamnation, et par un tribunal. Foresti n'y est pour rien. Les faits sont incontestables. Puis il glisse vers des « nouvelles accusations prescrites et non prouvées ». Eh oui. Tout le problème est là. Une fois de plus, une fois encore. Elles sont onze à accuser Polanski. Il y a prescription. Il n'y a pas de preuves. N'oublions jamais qu'Al Capone finit par tomber pour fraude fiscale parce que ses multiples exactions n'étaient pas prouvables par la loi de l'époque. Les violeurs sont aujourd'hui tout aussi protégés par la culture du viol et son arsenal juridique que les mafieux de la grande époque l'étaient des procès pour assassinat. Beigbeder balaie d'un revers ce qui, pour lui, n'est que poussière, loin de ce grand art au-delà du bien et du mal, auquel il est permis de supposer qu'il rêve d'appartenir.

« ... suffisent à juger un homme sans avocat. »

Polanski est beaucoup de choses, mais pas un « homme sans avocat ». Non. Des avocats, il en a autant qu'il veut. Ce qui n'est pas le cas de ses victimes.

« Elle reproduit la tragédie que raconte Polanski. »

Elle reproduit la tragédie ? Carrément ? Regardons-y de plus près. Comparons, donc…

Dreyfus innocent. Jugé coupable. Dégradé. Déporté au bagne pendant plus de quatre ans dans des conditions atroces. Mettra des années à être réhabilité. Polanski, lui, reconnaît avoir drogué et violé une fille de treize ans. Jamais jugé. Établi un arrangement financier avec la victime, ou plutôt avec ses parents. Reste quarante jours dans un hôpital psychiatrique. Fuit à l'étranger. Vit depuis, en Suisse, une vie de gloire internationale du cinéma.

Voilà. Faut vous l'emballer ou c'est pour se ridiculiser tout de suite ?

Non, Foresti ne reproduit pas l'injustice faite à Dreyfus. Non, elle ne juge pas. Elle présente une soirée. Elle raille. Elle ironise. Elle se moque. Elle a l'élégance de dédramatiser, de tenter de faire sourire de cette montagne de laideur et de cynisme. Que, comme elle, et comme tant d'autres, Adèle Haenel a choisi de combattre.

Beigbeder, lui, défend son camp. Figé dans sa légitimité de classe et de sexe, il use d'une bassesse dans l'argumentaire dont il pense sans doute que sa cible ne mérite pas mieux. Il est de ces hommes qui se montrent courtois, éduqués, sympathiques, jusqu'au moment précis où on touche à leur pouvoir. Les vernis alors se craquellent, tombent en poussière, et apparaît le rottweiler prêt à en découdre pour préserver le moindre millimètre de son pré carré. Il sait que le jeu en vaut la chandelle. Il planque derrière sa défense du Grand Art la moins reluisante protection de ses privilèges. Polanski, par son talent, serait au-dessus du commun des mortels, ou bien est-ce Beigbeder qui tient encore à ce que sa naissance le place dans le même Olympe ?

Aux yeux de Beigbeder, Foresti ne serait pas digne d'émettre une opinion. Au-delà de ce mépris, une question surgit, répétée à l'envi : peut-on dissocier l'homme de l'artiste, séparer sa vie de son œuvre ?

Peut-on persister à lui rendre hommage, et ce faisant, l'absoudre ? En décorant le génie, honore-t-on le violeur ? Peut-on idolâtrer un criminel ?

S'il fallait expurger l'art du sexisme, nous en serions réduites à lire le catalogue Ikea ou la liste des courses. Les hommes, artistes ou pas, sont le fruit de leur temps et de leur milieu. Voilà belle lurette que nous savons apprécier l'œuvre en la dissociant de son créateur. Allez, au hasard, prenons Victor Hugo (friand de fillettes de douze ans ramenées du bois de Boulogne), Baudelaire (grand *putero* devant l'éternel), Maupassant (qui se vantait d'avoir refilé la vérole à des filles prostituées), Henry Miller ou Albert Cohen (tous deux d'une misogynie à vomir, dans des styles différents), et même Camus ou Sartre, et l'un de mes préférés : j'ai nommé Frédéric Dard. Si nous ne voulons pas mourir analphabètes, autant intégrer l'idée que ces génies étaient au féminisme ce que la sandale est au cul-de-jatte.

Lire quand même. Évidemment.

Après tout, les artistes sont des hommes comme les autres. À traiter comme on traite les autres. Séparer, déconnecter, détacher, relativiser, décoller, on fait ça depuis la nuit des temps ! Tous azimuts et à tire-larigot ! Pas moyen de faire autrement ! Dans un système patriarcal qui vous dresse à nous dominer, on dissocie comme on respire ! Nos mères appellent ça « faire la part des choses ». On est tellement rompues à l'exercice qu'il nous vient spontanément. Valoriser vos bons côtés pour tenter d'oublier les mauvais. Naviguer entre les récifs, préserver votre ego, vous accorder le bénéfice du doute, fermer les yeux.

Où est la limite ? On peut admirer une œuvre. Sans pour autant honorer son créateur. On peut faire toute la lumière sur ses agissements, révéler la vérité sur sa personne, et laisser son œuvre prendre la place qu'elle mérite. Il n'y a pas contradiction. Ça devrait être une évidence. Ça ne l'est pas.

Si on refuse de dénoncer les viols et les agressions, c'est qu'on ne trouve rien à y redire. Le marasme est tel que se montrer misogyne, ça vous booste une carrière. La misogynie affirmée, et même la haine, loin de freiner l'accès à la gloire, y contribue. La haine fascine. Passe pour de l'audace. Intègre dans la cour des grands. Les illustres sont perçus comme d'autant plus géniaux qu'ils se font les porte-voix d'un courant profond, sombre, fondateur d'identité masculine, d'esprit de corps. De Henry Miller à Michel Houellebecq.

Mettre fin à l'impunité des violeurs ? Ça serait gâcher le génie ! Et les bavards du moment de se mobiliser, prendre la plume, taper le clavier pour gémir qu'on les assassine, car ils s'incluent, sinon dans les génies, du moins dans ceux qui savent les apprécier.

Croyez-vous que seuls les *good old boys* sont froissés ? Non ! En mars 2019, cent quatorze avocates se croient obligées de faire semblant de ne pas saisir de quoi il retourne et se fendent d'une chronique où elles s'affirment « viscéralement attachées aux principes qui défendent notre droit ». Bravo les filles, c'est super. Et après ? Je suis moi-même très attachée au principe du robinet, mais j'appelle le plombier quand ça fuit au cas où ça finirait par inonder toute la baraque. Alors quand les « principes qui défendent notre droit » laissent échapper quatre-vingt-dix-neuf violeurs sur cent, vous feriez mieux de chercher ce qu'il faut changer dans ces principes pour qu'ils ne tournent pas systématiquement à l'avantage des agresseurs. Quelles structures, aux bases mêmes de la loi, génèrent les mécanismes patriarcaux du droit ? On pourrait y réfléchir au lieu d'attaquer encore et encore ces infatigables (mais fatiguées quand même, à force) lanceuses d'alerte que sont les féministes ?

Mesdames les avocates, qui conçoit, ou a conçu, l'esprit de la loi ? Qui rédige les textes ? Qui les vote ? Des individus conscients de la masse des violences sexuelles ou des gens que leur sexe met à l'abri de ces mêmes violences, et qui peuvent en être coupables eux-mêmes ? Avant de monter au créneau pour défendre Polanski, à qui il n'arrive rien, ou Matzneff, qui a pu se vanter publiquement, avec la joyeuse complicité de ses potes faiseurs d'opinion, de baiser des mineur·es, ici et ailleurs, pendant des décennies, ne serait-il pas opportun de formuler les bonnes questions ?

Oui, Polanski a du talent, et en ce qui me concerne je ne me priverai pas d'aller voir son film comme j'ai vu quelques-uns de ses précédents. Mais le voir honorer à l'extrême, non, mille fois non. C'est une insulte pour les victimes.

Focaliser l'attention, comme ça a été le cas pendant plusieurs mois, sur les seuls Polanski et Matzneff, était une façon de noyer le poisson. Pendant qu'on braque les projecteurs sur deux octogénaires qui ne risquent plus de faire grand mal à personne, on ne regarde pas ailleurs. Le patriarcat est prêt à sacrifier deux vieux pions pour planquer les agresseurs d'aujourd'hui, encore actifs.

C'est fini. Les femmes parlent, le continent noir émerge. D'autres noms surgissent, jour après jour. Le droit de cuissage n'est pas une incongruité médiévale, c'est une largesse que s'octroient les entraîneurs sportifs, les patrons, les chefs de service et ceux de cuisine, les profs, les prêtres, partout, partout, partout… Ils se servent des plus vulnérables, gamines, et aussi gamins, apprenties, stagiaires, comme on fait son marché. Je prends, je consomme, je jette et je m'arrange pour qu'elle, ou il, se taise.

Les prédateurs sexuels sont des marqueurs de territoire. Ils intimident, délimitent, signifient aux proies que le danger rôde, tel le loup des contes de fées. Chaque fois qu'ils en agressent une, ils menacent toutes les autres et l'ordre patriarcal se renforce. Chaque agression a une facette individuelle, qui détruit la personne, et une facette collective, qui tient le groupe en respect comme un braqueur de banque avec son flingue. C'est une fabrique de terreur, de soumission, de mal-être.

Mexplication

Il y a aussi la petite artillerie. Le quotidien. Le banal. C'est une belle nuit de juin. Je rentre d'un cocktail de présentation du livre d'une amie, j'ai deux coupettes à mon actif. Il est encore tôt. Des potes m'ont invitée à les rejoindre pour l'apéro. Bonne idée. Ce soir-là, méfaits de la bulle euphorisante, mon système de défense habituel, celui qui me sert à éviter les sujets qui fâchent, est sur pause. Si j'avais vu venir l'obstacle, je l'aurais évité façon torero face à la corne, tout dans la souplesse du coup de rein. Mais ça ne s'est pas passé comme ça. Mes interlocuteurs ? Pas des brutes, pas des bas de plafond. Bien élevés, cultivés, marrants, et musiciens, c'est dire. Des artistes. Des types bien. Ou à peu près.

Aucun souvenir de l'irruption du sujet dans ce qui n'était alors qu'une conversation printanière. Ils en viennent à affirmer que, dans le monde de la musique, il n'y a pas de machisme ambiant. Ils évoquent leur univers familier. Musique classique, conservatoire, orchestre symphonique ou de jazz, tout ça. Je ris. Je sais, les hommes aiment nous faire rire, parce que le bruit court que ça nous met à moitié dans leur lit, toujours ça de gagné. En revanche, ils ont une sainte horreur qu'on ne les prenne pas au sérieux. Même quand ils disent une connerie? Surtout quand ils disent une connerie. Et moi, devant leur affirmation, je la joue second degré, comme s'ils plaisantaient. Je veux rester dans la légèreté. Je m'enquiers : « C'est sans doute pour ça qu'il y a autant de femmes que d'hommes parmi les compositeurs, les chefs d'orchestre, les directeurs de conservatoire, etc. ?

– En tout cas c'est pas par machisme ! La musique n'a pas de sexe ! C'est juste ou c'est faux. Point. Une harmonie, elle y est ou elle y est pas. Une note, c'est une note, une croche, c'est une croche. Y a pas à tortiller ! »

C'est d'une telle évidence qu'ils se gondolent. Du machisme ? Elle est bien bonne ! Nous sommes dans leur domaine de compétence, la musique. Nous sommes aussi dans le mien, les luttes féministes. Je rétorque : « Dans ce cas, à quoi est due l'absence des femmes ?

– Mais elles y sont, les femmes ! Et depuis très longtemps ! Il existait déjà, dès le XVIIIe siècle, des orchestres exclusivement féminins, alors bon, on peut pas parler de sexisme, là, ou alors dans l'autre sens, parce que dans les orchestres de femmes, y avait pas la parité, hein ? (sic)

– Si on précisait "féminins", c'est justement qu'ils avaient quelque chose d'exceptionnel, personne n'aurait l'idée de s'étonner d'un orchestre masculin, hein ? »

Bon vieil argument : la présence d'une seule femme comme preuve que le sexisme n'est pas de mise. Ça s'appelle la femme alibi, concept qu'ils ignorent. Les femmes chefs, les cheffes, donc, ne sont apparues que très récemment. On leur opposait qu'elles n'avaient pas l'autorité naturelle nécessaire. Un chef a même prétendu que les femmes ne pouvaient pas diriger car leurs bras sont orientés vers l'avant, pour tenir leur bébé... Je m'abstiens d'utiliser ces arguments, car ce qui précède a déjà fait monter la température.

Le plus énervé des deux renonce à la parole et passe au geste : il me fait un salut nazi. Véridique. J'ai eu affaire, au long des années, à des réactions consternantes, celle-ci fait partie de la série. Il en faut plus pour me décontenancer, mais je marque le coup : « Tu ne vas pas un peu loin, là ?

– À propos outrés, réponse outrée. »

Le deuxième tord un peu le nez. Peut-être pour rattraper son pote, il dit : « C'est notre métier tu sais, on connaît bien... »

Ils connaissent bien ? Comment en douter ? Je poursuis : « Mais alors, si on ne trouve pas plus de femmes parmi les génies de la musique, quelle est l'explication, d'après vous ? »

À ce stade de l'échange, aucun mâle de modèle courant n'admet qu'il n'en a aucune. « Je ne sais pas, je ne me suis jamais posé la question » est une phrase que peu d'hommes peuvent prononcer. En tout cas face à une femme. Encore moins si elle est identifiée comme féministe. Il doit penser que ça va lui ratatiner les bonbons, lui recroqueviller le bigoudi, faire tomber sa dignité dans les abysses de son slip.

J'enfonce le clou : « S'il n'y a aucun machisme dans ce milieu et s'il y a si peu de femmes, une seule explication possible : les femmes n'ont pas la capacité. Elles sont nulles, n'ont pas de talent, et ça serait biologique. C'est ça ? »

C'est sans doute exactement ce qu'ils pensent, mais affirmer à voix haute en 2018 que les femmes sont trop connes pour accéder à l'égalité avec ces astres éblouissants que sont les hommes, même mes interlocuteurs ont conscience que ça ne le fait pas. Il leur faut une parade. Mais laquelle ? La seule qui vaille : non pas l'incompétence des femmes, mais leur talent naturel à eux !

Ils m'assènent, tour à tour et se donnant mutuellement élan et force : « C'est notre métier !

– On fait ça depuis des années !

– On est dans les rouages !

– La musique, c'est technique, c'est un apprentissage, ça n'a rien à voir avec la race ou le sexe…

– C'est pas une question femme-homme, c'est une question de musique !

– Que ce soit une femme ou un homme qui joue, c'est pareil ! »

Heureuse de vous l'entendre dire, les gars ! Mais alors, quid de la non-parité dans les orchestres symphoniques ?

« Non-parité, c'est toi qui le dis ! »

Oui, c'est moi. J'ai lu sur le sujet récemment. Le nombre de filles augmente peu à peu, on commence à flirter avec les trente-cinq pour cent. Moins qu'à l'Assemblée nationale. Et ce n'est qu'en 1997 qu'une femme a intégré pour la première fois le célébrissime orchestre philharmonique de Vienne. Je ne leur dis pas tout ça. Je les laisse parler. Ils se confortent mutuellement. S'accrochent à leurs déficiences. Se perdent en justifications, tiennent absolument à éclairer ma lanterne de béotienne qui échouerait à jouer *J'ai du bon tabac* à la flûte à bec.

Cette légitimité à s'exprimer sur un sujet qu'ils ne maîtrisent pas, et n'ont jamais maîtrisé, pour la simple raison qu'il ne leur a jamais traversé l'esprit, est fascinante. M'écouter? Pour quoi faire? Me croire? Pas prévu au programme. Quelque chose en eux résiste. Quelque chose leur est insupportable. Perchés comme des coqs sur leurs certitudes, ils assènent leurs idioties avec condescendance et ironie, persuadés que, malgré l'épaisseur de mon obstination, ils vont me faire entendre raison.

Je me lève, et je pars. Je rentre à pied, je marche sous les étoiles dans la belle nuit de juin, en méditant sur le charme infini de la liberté de mouvement. Se casser, oui. Arrive l'instant où il n'y a plus que ça à faire.

Je n'ai pas vécu ce soir-là, loin s'en faut, un épisode de violence masculine. Non. Nous ne sommes pas dans ce registre. C'est un petit échantillon d'air du temps en régime patriarcal. Les dominants expliquant le monde à la dominée, c'est tous les jours, tout le temps. Les deux compères ne captent rien de ce qui se passe. Je pourrais en rire, pas eux. Reconnaître que le machisme sévit serait reconnaître que le patriarcat existe et qu'ils en sont partie prenante. Pour eux, je suis juste chiante, obsédée, voire agressive. Pour eux, c'est moi qui ai un problème. Et c'est vrai que j'en ai un, mais pas celui qu'ils s'imaginent.

Si on ne veut pas se gâcher la vie, il faut savoir préserver votre ego de mec. Ne vous tenir tête que sur les sujets vitaux. Se faufiler entre les lames de votre susceptibilité, de votre orgueil, de votre infinie fragilité. Façonnés depuis l'enfance à vous considérer comme plus doués que nous, structurés par la certitude de nous surpasser intellectuellement comme vous le faites musculairement, vous stressez au moindre grain de sable. Vous vous lancez alors dans des polémiques sans fin sur des sujets qui ne vous avaient même pas effleurés jusque-là.

Ça m'est arrivé aussi face à des filles, à des femmes. Je le vis moins mal. Parce qu'elles ne préservent pas leur pré carré. Et que leur côté stupide d'oncle Tom du patriarcat me peine davantage qu'il me révolte. J'ai moins d'indulgence pour les arrogants qui ne défendent que des privilèges dont ils n'ont même pas conscience. Je vous entends d'ici : « On n'est pas tous comme ça ! » Cette remarque fait partie de l'arsenal mexplicatif. Non. Pas tous. C'est reparti pour un tour…

Male gaze

J'ai grandi dans une famille très classique, une micro-société paritaire : papa, maman, quatre enfants – deux filles et deux garçons. Je perçois les différences entre mon père, qui a une moustache et travaille dehors, et ma mère, qui met du rouge à lèvres et travaille à la maison, mais pas de hiérarchie. Ma mère est la poutre de l'édifice. Mon allergie aux injustices, je l'ai tétée à son sein. Aussi, quand je commence à constater d'inexplicables anomalies, je ne sais pas à quoi les attribuer. Une supposée infériorité de ma mère serait la dernière idée à me passer par la tête. Alors quoi ?

Dans ma mémoire surnage un fourmillement de questions sans réponses.

À quel âge ai-je appris à jouer aux cartes, à la bataille ? Je ne sais pas, mais la reine y vaut moins que le roi. C'est comme ça.

Et pourquoi portions-nous tous, y compris ma mère, le nom de mon père ? Pourquoi pas celui de ma mère ? Parce que dans une famille, tout le monde porte le nom du père. C'est comme ça.

Et l'équivalent de Jules César, Vasco de Gama ou Beethoven, c'est qui, en femme ? Ça n'existe pas. Pourquoi ? Parce que ce sont de Grands Hommes. Des Grandes Femmes, y en a pas ? Les grandes femmes, c'est juste des femmes grandes. C'est comme ça.

Et ainsi de suite. Jamais une explication justifiée. En guise de réponse, on me servait la même constatation avec d'autres mots. Je ne savais pas que ça s'appelait une tautologie, mais je voyais à quel point ça sonnait creux. Pourquoi c'est comme ça ? C'est comme ça parce que si c'était différent ça ne serait plus pareil. C'est comme ça parce que ça a toujours été comme ça. C'est comme ça parce qu'on n'y peut rien. C'est comme ça. Il aurait fallu que je sois débile pour m'en contenter.

Le fond du message était clair : les hommes, c'est mieux que les femmes. Ne trouvant pas la moindre preuve à ces affirmations, je n'avais pas l'intention de m'en laisser conter.

Je n'avais pas tout prévu. Un piège m'attendait. Sur un terrain à explorer dont je n'attendais que des délices.

Un monde mystérieux, mythique. L'amour, le grand, l'éternel, avec prince charmant inclus. Et le plaisir que je savais me donner à moi-même ne pouvait être qu'un merveilleux échantillon des vertiges à venir.

C'est munie de ce chimérique bagage que j'abordai les rivages tourmentés de l'adolescence, une épreuve que vous les garçons ne pouvez pas imaginer, tant votre adolescence se traverse sous d'autres auspices. Le sexe, pour vous, tient du supermarché. Pas la mer de la Tranquillité, car vous avez vos angoisses propres – virilité, érection, performance, tout ça –, mais le système roule pour vous, vous valorise et vous sert. Pour nous, il en va tout autrement.

Vous êtes à mille lieues de vous figurer ce que nous affrontons, au point que les ressorts de bien des comportements féminins vous échapperont, vous les trouverez illogiques, irrationnels, absurdes. Mais ce qui est longtemps apparu comme le grand « mystère féminin » n'est que la marque des ravages du dressage.

Tu es une fille, tu deviens une jeune fille, et tu seras une femme, ma grande. Au processus biologique se greffe le processus du dressage. Implacable. Tu es à peine pubère, tes hormones te travaillent sans répit, oui, comme vous les garçons. Sauf que vous, vous avez le droit. Votre sexualité est légitime, elle est un élan irrépressible et flatteur qui, pour peu que vous ayez du succès, fera de vous cet être envié : un séducteur, un bon vivant, un mec cool, à qui les exigences de sa sexualité donnent des droits. La teub, ses pulsions, ses exigences, ses exploits, est prioritaire.

Pour une fille, ce n'est pas la même musique. Même folie, même envie, même chaleur. Ça s'arrête là. Car ce désir si joli t'est renvoyé dans la face : le terrain est miné, te voilà prévenue. Ta chatte est maudite. Un warning clignote à tous les vents et épelle le mot fatal : s-a-l-o-p-e. Si tu n'y prends pas garde, tout le monde sera prévenu : attention, attention, celle-ci est une pute, une qui baise, une qui aime ça. Pour une raison obscure, c'est infamant. Tu as douze ans, quatorze ans, seize ans. Et tu apprends que si tu obéis à ton désir, tu prends un risque. La moitié de l'humanité, celle à laquelle tu appartiens, est en butte à un jugement permanent, à un dénigrement systématique et à une impossible alternative : frigide ou salope. Coincée ou nympho. Bonne sœur ou marie-couche-toi-là. Pas de scénario gagnant. Tu joues avec ta réputation. Or c'est une étape de la vie où ce que les autres pensent de soi est terriblement important. Il faut être très forte pour s'en foutre. Personne ne l'est.

Je me souviens d'un film qui avait emballé mon frère aîné au point qu'il m'avait emmenée au cinéma, ce qui n'était pas habituel, mais d'après lui il fallait que je voie ça. À ses yeux, il s'agissait d'une féroce et réjouissante dénonciation de la guerre, une sorte de manifeste pacifiste hyper-drôle. C'était *MASH*, de Robert Altman. Il avait suffi de quelques scènes pour détruire le peu de prise sur laquelle je croyais pouvoir m'appuyer. L'escalade vers l'âge adulte m'apparut alors comme une paroi verticale parfaitement lisse. Dans le film, les deux héros, chirurgiens de guerre, affichent une totale désinvolture vis-à-vis de la hiérarchie militaire, boivent comme des trous et baisent à couilles rabattues. Ça les rend marrants, subversifs. L'unique personnage féminin est une infirmière psychorigide qui les emmerde avec sa rigueur et ses principes. Une figure féminine joyeusement subversive dans le cinéma d'alors n'existe tout simplement pas. Je ne verrai *La Fiancée du pirate* de Nelly Kaplan, avec la merveilleuse Bernadette Lafont, qu'elles soient bénies toutes les deux, que bien après. Pour l'heure, l'infirmière de *MASH* va être punie. Comment punir une femme en mettant les rieurs de son côté ? En l'humiliant publiquement. Et, bien sûr, sexuellement. Elle prend une douche dans une installation de fortune.

Nos deux vaillants orchestrent, comme au théâtre, la chute du mur de toile qui la protège et livrent ainsi sa nudité aux regards de tous. Elle s'écroule de honte et de dépit pendant que, hilares, ils applaudissent. Drôlissime, non ? Pétrifiée, je regarde l'écran et c'est moi qu'on humilie, et avec moi toutes les femmes. Va-t-elle se venger ? Oh que non ! Au contraire. On va lui en resservir une dose. Voilà qu'elle baise dans sa tente, sans savoir que des micros y ont été branchés. Dans la tente voisine, une bande de joyeux drilles, dont un des héros, écoute les ébats en se bidonnant. Ils sont deux à s'envoyer en l'air, mais on ne distingue que sa voix à elle. Si bien que quand elle soupire « Baise mes lèvres en feu », ils connectent le son aux haut-parleurs de tout le camp, y compris dans les blocs opératoires, jusqu'à ce qu'elle s'entende elle-même, se rhabille et sorte en hurlant. Le lendemain, tous l'appellent « Lèvres en feu », et la scène est tenue pour une des plus burlesques du cinéma américain. Je sors du ciné à moitié groggy de rage impuissante. Je n'essaie même pas d'en parler à mon frère, qui a bien ri, comme tout le monde. Moi, ce que j'ai saisi, c'est que baiser est, en soi, humiliant. Pour nous. Pour eux, une franche rigolade. Défaite pour nous, victoire pour eux. Est-il un message plus pervers, plus destructeur pour une ado en construction ?

Il me fallait assumer d'abriter en moi, au plus profond, au plus secret, ma propre ennemie, ma sale adversaire : ma libido de fille.

Le plus malhonnête est d'avoir choisi une figure féminine pour incarner l'absurdité et l'arbitraire de l'institution militaire, exclusivement masculine à l'époque, à l'exception précisément des infirmières. Et des prostituées. L'armée, maison des hommes par excellence, machine de guerre et de mort, à la hiérarchie inflexible, fer de lance de conflits décidés et menés par des hommes, se trouve symbolisée par un personnage appartenant au groupe social qui n'y est pour rien, sauf quand on en vient à payer les conséquences. Donner un visage de femme à ce que la gauche américaine reprochait à juste titre aux guerres de Corée puis du Vietnam ajoutait à l'humiliation sexuelle du personnage une dimension de manipulation, de mensonge historique. De toutes façons, les femmes ne gagnent jamais.

Je n'étais guère plus vieille quand je vis *Les Valseuses* de Bertrand Blier. Le titre souligne qu'on est à la fois dans le dérisoire et dans le vital, le précieux. Ça attire l'attention, ça fait sourire, ça assure une pub immédiate. Le titre anglais *Going Places*, qu'on pourrait traduire par « Vadrouilles », est plus fidèle aux déambulations erratiques de deux jeunes types en rupture de tout. Fauchés, libres, crades, violents, drôles, simples, voire simplets.

En sortant de la projection de ce film, qui m'avait séduite par la qualité des dialogues et le magnétisme de Dewaere et Depardieu, j'avais aussi la sensation, d'Altman à Blier, d'être passée d'un coup de matraque sur la tête à une rafale de mitraillette en pleine figure. C'est moi, à travers ces personnages de cinéma, qu'on rabaissait, qu'on violentait. Cinq femmes. Toutes maltraitées. Et toutes apparemment indifférentes à cette maltraitance présentée comme allant de soi et qu'elles semblent accepter comme telle. Résignées et passives.

Il y a d'abord cette passante, à qui les deux colosses font peur en la suivant dans la rue. C'est tellement amusant, une femme en panique, que sa robe ajustée et le paquet de gâteaux qu'elle tient à la main rendent ridicule en l'empêchant de courir. Elle pousse des petits cris suraigus. Ils la coincent dans l'entrée de son immeuble, la tripotent en rigolant, lui bouffent un gâteau et, pour finir, lui piquent son sac et s'enfuient à toutes jambes. Déjà, je me sens mal. Je n'ai encore rien vu.

Quand Marie-Ange (Miou-Miou) est offerte en cadeau par son patron, comme un objet, aux deux lascars, elle ne proteste pas, les suit docilement. Et se laisse baiser sans rechigner. Elle ne jouit pas, attend que ça se passe. Dans la voiture, ils demandent à toucher les poils de son cul, parce que « ça porte bonheur ». Elle laisse faire (évidemment ! à BlierLand, c'est comme ça !) et dit qu'elle n'a jamais entendu parler de ce porte-bonheur. « Si, rétorquent-ils, comme tout ce qui est sale, comme marcher dans la merde. » Elle les traite de salauds, qui est à peu près la seule insulte qui vient à l'esprit des auteurs quand ils s'expriment à la place des femmes. Quand elle finira par jouir avec un benêt, on imagine que le scénariste signe la victoire des moches ni costauds ni malins sur les beaux gosses débordants de testostérone. C'est l'avantage quand on écrit. On peut se venger.

Il y aura aussi la « vieille » (Jeanne Moreau, quarante-cinq ans !), une taularde tout juste sortie de prison et qu'ils emmèneront à l'hôtel. Ils la baisent à deux, c'est qu'elle a faim, la bougresse. La seule qu'ils n'insultent pas. Elle est tellement vaincue qu'ils ne se donnent pas la peine de la mépriser. Se contentent de lui piquer ses sous.

Et la mère allaitante (Brigitte Fossey), passagère d'un train, qui se laisse téter devant son bébé. Et qui aime ça, bien sûr…

Enfin, l'adolescente (Isabelle Huppert), vierge, dont ils reniflent les sous-vêtements pour évaluer son âge. Révulsant. Et qui leur demandera de la dépuceler, bien sûr, *what else*?

Putain de casting! Deux types se baladent dans la vie comme dans un supermarché en insultant et agressant systématiquement les femmes qu'ils croisent. Blier doit trouver ça très audacieux. Comme Altman, il range les femmes dans ce qu'il convient de dénoncer de ce monde bourgeois de fric, d'hypocrisie et de morale étriquée. Les proies principales traitées non pas en victimes dont on serait solidaires mais en tant qu'agents actifs du pouvoir en place. Cynisme de l'enfant gâté, qui ne risque rien. Ils se prennent pour du poil à gratter, ils sont la vaseline de l'ordre établi. Ils sont des idéologues évaporés, qui se payent le luxe de prétendre à la subversion.

MASH et *Les Valseuses* ne sont que deux exemples. Dans la production de ces années-là, d'autres scènes marquèrent mon esprit encore neuf avec l'efficacité des premières fois. Dans *Orange mécanique*, les héros, sur la musique de *Singin' in the Rain* (mon film préféré, un comble!), agressent un couple. Lui, à terre, est roué de coups. Elle est soulevée du sol par un des types, un autre cisaille son pull rouge. Il coupe la maille au niveau des seins, qui apparaissent nus par les trous. Pour elle, une fois de plus, à la brutalité s'ajoute l'humiliation. Punie d'être une femme. Comme chez Blier.

Il y a Bertolucci, et *Le Dernier Tango à Paris*. La scène du beurre, imposée à l'actrice, et mimant une sodomie, se joue à deux, mais elle seule est bafouée. Maria Schneider signe sa condamnation et le tandem masculin, cinéaste et acteur, sa gloire.

Et Fellini, dans *Amarcord*, filmant en gros plan les imposantes fesses de matrones posant leur entrejambe sur la selle de leur vélo. L'intimité la plus banale mise en scène pour que nul n'en ignore : elles ont un sexe quelque part sous leur jupe et c'est un territoire qu'un homme est libre de donner en pâture à l'imagination de ses pairs. Pas grave ? À mes yeux d'adulte, qui en ont vu d'autres, ça semble anodin. Mais à celle que j'étais à l'époque, ça fit l'effet d'une inacceptable intromission.

Et Ferreri, dans *La Grande Bouffe*. Quatre hommes, une seule femme recrutée par hasard. Elle est bien en chair, pour s'assortir au film. À un moment, Tognazzi relève sa jupe et l'assied sur une pâte à tarte, afin qu'elle y imprime son cul. Ce qui m'avait choquée ? Ni le sexe ni la bouffe, mais le statut de cette femme. Non pas un être humain mais un élément des excès à venir de ces quinquagénaires en route vers la mort. Il s'agissait de donner une dimension tragique à cette enfilade de pauvres clichés déclinant le culte à soi-même : l'homme, sa gueule, sa bite, son foie... Ça se veut, encore, puissamment subversif. C'est, encore, de l'autocontemplation.

Si tu es un mec, tu regardes les films et tu t'identifies à l'un des chirurgiens d'Altman, plutôt Gould ou plutôt Sutherland, tu es Dewaere ou Depardieu, plutôt l'un ou l'autre, affaire de goût, tu es Malcolm McDowell dans *Orange mécanique*, tu beurres comme Brando, tu mates comme Fellini. Que tu les aimes ou pas, que tu les rejettes ou pas, ils sont une version de toi, de ton univers, de ce qui existe dans ton monde.

Si tu es une fille, ça se complique. Tu en fais quoi, de ta libido en fleur ? Tu t'identifies à qui ? À celle qui est ridicule parce qu'elle baise ? Celle qu'on baise sans lui demander son avis ? Celle qui se laisse renifler le cul ? Celle qu'une scène non prévue au scénario humilie publiquement à jamais ? Celle dont la caméra ignore le visage pour suivre la selle qui se glisse dans son entrejambe ?

Où était l'égalité de traitement entre mon frère et moi ? Entre lui qui pouvait se réjouir du spectacle, et moi qui, souffle coupé, ne voyais pas d'issue, n'avais pas idée de la manière dont je pourrais jamais exister dans un tel monde ?

Pourquoi des cinéastes inventaient-ils des trucs pareils ? Est-ce que c'était comme ça en vrai ? Est-ce que ça serait comme ça dans ma vie future ? Qu'est-ce que ça signifiait ? Ces films étaient populaires, palme d'or à Cannes, ou, s'ils faisaient scandale, ce n'était jamais pour les raisons qui me révulsaient. Pour ces réalisateurs, les femmes étaient des accessoires, au même titre qu'une chaise, un projecteur ou un feu de bois. Elles n'étaient qu'un ressort de leur histoire. Pas des personnages vraisemblables. Pas de sensibilité, pas de sang, pas d'existence. Juste une image, un fantasme. Ils projetaient sur elles de quoi entretenir l'intrigue. Si le scénario prévoyait du sexe, alors il fallait introduire une femme, mais comme support, comme un fil auquel on suspend du linge.

On passe de l'abus à l'effacement quand des films, qui ne racontent que des histoires de mecs écrites par des mecs pour des mecs, sont présentés comme emblématiques de

« toute une génération », de « la jeunesse » ou comme la critique de « la société ». Non les gars, c'est seulement le récit de votre nombril. Même si je ne suis pas sûre que ce soit de cette partie du corps que traite votre interminable saga. Vous occupez tout le terrain et estimez que c'est normal. Le centre de la photo, vous vous souvenez ? Moi, j'ai en tête une interview de Kassovitz au moment de la sortie de *La Haine*, désormais « film culte ». À l'affirmation : « Il n'y a pas de fille dans votre film », il répond, vaguement interloqué, sur l'air de l'évidence, quelque chose comme : « Non, je ne voulais pas d'une intrigue sentimentale ». C'est vrai qu'en l'absence d'une affaire de cœur ou de cul, on ne voit pas en quoi se justifierait la présence d'une fille dans une chronique de la « haine en banlieue ». Car c'est par ces termes généraux, collectifs, que ce film masculino-masculin est qualifié par la critique. Piochons au hasard : chronique de la banlieue… malaise des banlieues… jeunes des cités… film poignant sur la banlieue… film d'une génération… a marqué toute une génération… œuvre emblématique de toute une génération… le grand point fort du film est d'avoir fait émerger toute une génération de cinéma… « Toute une génération » ? Non. La moitié seulement. Cela revient à effacer les filles, à considérer qu'elles n'ont pas d'expérience de la violence.

Pas d'existence. Pas d'appartenance à une génération. Pas de place sur l'étagère de la création cinématographique. Ainsi les femmes sont invisibilisées. Ainsi notre Histoire ne s'écrit pas. Nous sommes en 1995.

Huit ans plus tard, en 2003, fondation de Ni putes ni soumises. Les filles de cités, même génération, avaient en fait beaucoup de choses à raconter. L'association naît de la tragédie de deux d'entre elles, Sohane Benziane et Samira Bellil. Le malaise des banlieues, elles l'ont toutes deux payé de leur vie. Sohane immédiatement, quand elle fut brûlée vive, à dix-sept ans, dans un local poubelles. Samira, des années après le viol collectif qu'elle subit à treize ans, qui la détruisit au point que, malgré son indomptable énergie, elle fut emportée par un cancer à l'âge de trente et un ans. Le malaise des banlieues, pour elles, ça a été le viol et l'assassinat. Par des garçons du quartier. Un autre monde.

Pour elles, personne n'a invoqué le malaise de toute une génération. Pas de mise en perspective, pas de vision globale. Sinon le malheur d'être fille et d'en être punie. De le payer de sa vie. Pas pour une génération, mais pour la totalité des générations, aussi loin que la mémoire remonte et au-delà. Et pas seulement dans les banlieues.

Le *male gaze*, c'est tout ça. C'est ce regard qui nous fait voir le monde à travers vos yeux d'hommes. Est important ce qui vous paraît important. Est intéressant ce qui vous intéresse. Est excitant ce qui vous excite. Est jouissif ce qui vous fait jouir. Est dangereux ce qui l'est pour vous. Notre perception est tellement niée, elle a si peu de place dans les représentations partagées, que nous n'avons pas la moindre chance de découvrir qui nous sommes. Nous vivons comme on s'habille sans miroir.

Lavage de cerveau

Les vingt-deux paires de chromosomes que nous avons en commun pèsent infiniment moins que la seule et unique paire qui nous différencie. Dans ses formes extrêmes, Arabie saoudite ou France du XIXe siècle, le patriarcat affecte aux hommes et aux femmes deux dimensions étanches. Pour les hommes, pouvoir absolu. Pour les femmes, apartheid. Ailleurs ou à d'autres époques, le schéma de base, même moins caricatural, est universel.

Petite, on perçoit vite que le masculin mène la danse. Sensation vague, obscure, à la fois réelle et impalpable. On comprend qu'on est censée se comporter d'une certaine manière, au fur et à mesure qu'on capte des attentes. Attentes des parents, mais pas seulement. L'environnement d'un enfant englobe une infinité de sources d'information. Orientées, les infos. Selon une étude publiée début janvier 2020 dans la revue *Sex*

Roles, par des scientifiques de l'Institut des sciences cognitives, en collaboration avec les universités d'Oslo, de Lausanne et de Neuchâtel, on constate que la plupart des enfants associent pouvoir et masculinité dès l'âge de quatre ans. Avant l'école primaire, ils ont assimilé une donnée essentielle du monde dans lequel il leur est donné de vivre. L'étude a été menée sur neuf cents enfants âgés de trois à six ans. En France, au Liban et en Norvège, trois pays de culture différente.

Le patriarcat enseigne aux filles à vivre sur un strapontin, et à considérer que c'est là leur place. Leur enfance les précipite dans un gymkhana sans fin, qui va les étourdir sans trêve ni repos, les téléguider, leur lessiver le cerveau, leur peaufiner le conditionnement. Leur apprendre le doute de soi, voire la haine de soi. Ça commence au berceau. Dès la maternité, on jugera le bébé « costaud » ou « mignonne » en fonction de la couleur de son bracelet d'identification. À cet âge, un enfant ne comprend rien ? Depuis Dolto, on sait que c'est faux. Pour répondre à ce qu'on attend d'elle, une fille doit être jolie. Plaire. Elle n'analyse pas, mais déjà elle sait. Les injonctions vont lui pleuvoir dessus, en un crachin constant qui durera toute sa vie.

Dès le début, on lui inculque le devoir de propreté. Être impeccable en toutes circonstances, un must de fille. Pour vous, se laver est question d'hygiène, point. Ça ne vous empêche pas de dormir. Pour nous, la savonnette ne se contente pas de nettoyer, elle garantit nos qualités morales. Les préserve. Le corps féminin est toujours présenté comme vaguement dégoûtant. Nous en restons obsédées par les odeurs corporelles, les sécrétions, toutes ces émanations de fumellerie dont les princesses, nos héroïnes, nos modèles, sont dépourvues. Elles font pipi des paillettes et ne pètent jamais.

Il faut aussi être jolie. Pas un millimètre d'anatomie n'échappe désormais à la très rigoureuse cartographie d'une inaccessible perfection. Ce qui autrefois s'amorçait autour de quinze ans démarre aujourd'hui à huit : elle porte un soutien-gorge avant même d'avoir des nichons, entame un régime avant que la puberté l'ait pourvue de ces rotondités censées faire son charme mais qu'on lui présente, au cas où elle en tirerait de la fierté, comme des pièges à cette cellulite contre laquelle on l'invite à lutter sa vie entière.

Toute une industrie, avec à sa solde une presse inondée de publicité, assure la rentabilité du bourrage de crâne. Désormais les réseaux sociaux mettent leur grain de sel. Leurs influenceuses à peine adolescentes, otages d'enjeux qui les dépassent, se filment en citant chaque marque des multiples produits dont elles tartinent avec science leur épiderme tout frais pour obtenir un « teint parfait ». C'est vrai quoi, où tu vas si tu ne maîtrises pas l'estompage de ton *contouring*, malheureuse ! Tout est prévu, tout est coaché : soins de la peau, maquillage, minceur, gestuelle, coiffure, moue des selfies, et même physionomie de la foufoune. De quoi gaspiller son temps à des conneries qui minent le moral, ruinent l'estime de soi et pompent l'argent de poche. Et sans qu'elles en mesurent les enjeux, leurs corps encore enfantins sont sexualisés au point d'en faire des Lolita à qui on pourra reprocher de jouer les provocatrices. Le patriarcat t'inocule la grippe puis te reproche d'avoir de la fièvre.

Entre huit et quatorze ans, les filles perdent trente pour cent de leur confiance en elles. Comment ça se calcule ? Boulot de sociologue. Ils ont leurs outils, leurs enquêtes, tirent leurs conclusions. Constatent que cette confiance en soi qui facilite la vie se fait la malle aux abords de l'adolescence. Opération d'envergure. Clips, vidéos, films, chansons, romans, reportages, feuilletons, pubs, magazines, réseaux sociaux, tout un kaléidoscope met en scène la déconfiture des filles. Pilonne leur ego. Les jauge, les juge. Trop grande, trop petite, trop maigre, trop grosse, trop frisée, trop raide, trop mate, trop pâle, trop foncée, trop typée, trop blafarde, trop musclée, trop molle, trop allumeuse, trop coincée, trop nue, trop habillée, trop ceci, pas assez cela. Un idéal appelé féminité, aussi inaccessible que le pied de l'arc-en-ciel, recule au rythme des efforts pour l'atteindre et des frustrations de ne pas y parvenir. L'appétit de vivre s'y heurte comme un insecte à une vitre. De quoi refroidir les enthousiasmes les plus tenaces. De quoi ébranler les personnalités les plus solides.

Ne pas en déduire que c'est nouveau. C'était déjà comme ça avant. Je me souviens d'une copine raide dingue de son amoureux qui avait retardé sa première nuit avec lui parce qu'elle n'était pas épilée nickel. Une autre qui, parce qu'elle avait enfilé au matin, à la hâte, un vieux soutif aux élastiques distendus, donc pas impeccable, s'était enfuie au dernier moment. Le plus probable est que les garçons concernés ne se seraient rendu compte de rien. Ou s'en foutaient royalement. Se priver de plaisir plutôt que dévoiler la moindre faille de présentation, c'est porter son ennemie en soi.

Dans une interview donnée au magazine *Elle*, la ravissante Jane Birkin confie qu'adolescente elle doutait d'elle : « Quand je me suis mariée à John Barry à dix-huit ans, je n'étais qu'un visage recouvert de peinture, me cachant derrière un masque de maquillage. [...] Je dormais avec un crayon pour les yeux sous mon oreiller. Je voulais pouvoir m'en mettre au cas où il se réveillerait dans la nuit. »

Vous n'avez pas idée de la puissance de ce tsunami d'injonctions, parce que vous ne le subissez pas. Il vous est aussi incompréhensible qu'une équation de deuxième degré à un teckel. Et comme vous imaginer à notre place, « *what it feels like for a girl* », ne fait pas partie de votre éducation, vous passez direct au jugement à l'emporte-pièce. Avec œillères.

Au printemps 2019, au Festival de Cannes, la comédienne Romane Bohringer, nature aux pommes, publia sur Instagram, après sa montée des marches, une photo de son pied, rougi et meurtri par les très fines lanières de ses sandales, avec ce commentaire : « Le problème à Cannes, c'est les talons. » L'absurdité des chaussures féminines est bien connue. Quand on est actrice, qu'on a un métier d'image, étroitement lié au physique et à la séduction, on joue le jeu, autrement pas la peine de les monter, les marches. Regardez les photos des stars en plein festival, comparez les tenues masculines et féminines. Les hommes sont en pingouins. Leur corps est invisible. Les femmes? Dénudées, perchées, exposées. La concurrence est rude. Et on se choisit les grolles de l'emploi, aussi sexy qu'inconfortables. Les très hauts talons sont de fins instruments de torture dont le but est d'allonger la jambe, cambrer la cheville, faire joli. Très seyant, faut reconnaître. Faire joli, on pratique depuis toujours! Priorité, stratégie de survie. Les décideurs dont dépendent les carrières sont masculins, l'affaire Weinstein a mis un salutaire coup de projecteur sur des réalités dans lesquelles les chaussures ne jouent pas le premier rôle, mais ont leur importance. Il y a des jobs où on peut se chausser de manière à courir sans y penser, attraper le bus qui démarre, marcher sur des dalles à interstices, fouler du gravier. Et il y a les tapis rouges.

Pourquoi je vous raconte ça? Parce que, trouvant son post plein d'humour, je *likai* cette photo du pied de Romane et exprimai mon empathie. Ce qui surprit un ami qui n'a rien d'un bourrin et revendique même son féminisme avec conviction. Il ne comprenait pas. Je précisai: « Il est des zones d'assignation, de pression sociale, difficiles à évaluer quand on est un homme et qu'on y échappe. » Il estima en retour qu'il fallait être « une cruche » pour avoir publié cette photo. Je calmai le jeu : « Cruche ? Ce mot est un jugement, pas une analyse. Désolée d'être aussi subtile, un jour j'entrerai dans les détails. » Clairement, je bottais en touche. Entamer une discussion sur une base insultante, non merci. Il ne s'en laissa pas conter : « Je t'en prie, ne prends pas n'importe quel sujet pour faire la critique du machisme ambiant et en faire un sujet de rhétorique féministe. Oui, faut être cruche – et hystérique de surcroît – pour en arriver à poster une photo de son pied martyrisé sur les réseaux sociaux. C'est pathétique. Rien ni personne ne l'oblige ni à être là, ni à porter ces sandales-là. Le monde et le droit des femmes ont bien d'autres problèmes, bien plus graves que ses arpions ! Qu'elle nous foute la paix ! Excuse mon emportement, mais là, ça me piétine l'aorte ! »

Et voilà comment en quelques secondes, on se prend une leçon de féminisme par quelqu'un qui n'habille ses pieds qu'avec du plat, du large, du confortable. Je conclus : « Je sens que tu donnes à cette affaire plus d'importance que je ne le fais moi-même. Préserve ton aorte. » Qu'il garde l'impression d'avoir eu le dernier mot. Vieux truc bien connu quand on n'a pas envie de polémiquer. Quand on refuse d'entrer dans l'hostilité inhérente à des termes tels que cruche, hystérique, pathétique, problèmes plus graves, etc.

Il m'explique les sandales qu'il n'a jamais portées, campe sur sa position de nanti patriarcal, vient me fixer les limites d'un terrain que j'ai passé ma vie à arpenter, subir et étudier, et dont il ignore tout.

Qu'est-ce qui conduit une femme à endurer l'inconfort de sandales tortionnaires, et une autre à en ressentir de l'empathie ? Que dit de la vie des femmes ce minuscule détail ? Pour lui, une seule alternative : soit elles sont idiotes, et il a spontanément retenu cette millénaire hypothèse, soit quelque chose lui échappe, et reconnaître son incompétence n'entre pas dans son univers mental. Il est un homme – parfaitement adorable par ailleurs –, il est habitué à se poser en maître à penser. En procureur.

Tant qu'au lieu de nous écouter et de nous croire, vous persisterez à nous dicter ce que nous devons ressentir, notre parole ne sera pas respectée. Tant qu'on en est à la sandalette tueuse d'orteils, on s'en fout. On abandonne le terrain sans états d'âme. Mais le manque de considération et d'empathie est à l'œuvre sur des terrains plus dangereux. Coups, agressions, viols, autant d'atrocités où, après la violence subie, survient celle du doute, du jugement, du déni. Parole de femme ne vaut pas tripette. Tant pis si elle y laisse sa peau.

Rien ne nous oblige physiquement à porter des talons aiguilles comme, sous d'autres latitudes, des femmes se voient contraintes à porter le voile. On ne compare pas une servitude volontaire aux diktats d'un régime autoritaire. Mais c'est ça, précisément, qui interroge. Qui donne une idée de l'aliénation. Renoncer à son image sexy ? Renoncer à séduire ? Renoncer à plaire ? Quand depuis l'enfance on te vrille la tête avec l'obligation d'être jolie et attirante ?

Des injonctions circulent, parfaitement contradictoires.

Les femmes se doivent d'être minces, tout en se montrant de solides mangeuses. Les nanas au régime sont trop chiantes ! Pour être une bonne vivante, on doit se goinfrer et ne pas prendre un gramme.

Même topo pour la chirurgie esthétique : les marques de l'âge sont raillées sur tous les tons dès la quarantaine, mais gare à celles qui cherchent à les combattre par la chirurgie. On se gausse des liftings, du botox et autres combats perdus d'avance. Alternative habituelle : soit on se fout de toi, soit on se fout de toi. Faut pas grossir, faut pas vieillir.

Les filles sont conditionnées à n'exister que dans le regard masculin, qui a d'autres chats à fouetter. La dépendance affective guette, qui tant fragilise. S'en libérer ? Alors qu'il nous structure depuis le berceau ? Comment faire ? Dissocier le regard qui juge de celui qui désire est à peu près aussi simple que de séparer la crème du café dans un capuccino.

Ce n'est qu'en 1998 qu'est publiée la première échographie du clitoris. 1998 !!! Vous avez marché sur la Lune et fait exploser des bombes atomiques des décennies avant d'avoir cette curiosité. Que d'ailleurs vous n'avez jamais eue : c'est une équipe féminine qui s'est attaquée à la question. Ça n'a pu arriver que quand il s'est trouvé assez de chercheuses pour élargir le champ des études. Avant, c'est-à-dire depuis toujours, des hommes ignorants nous enseignaient à la fois notre anatomie, son fonctionnement, son désir et sa satisfaction. Ils doutaient même de la capacité des femmes à jouir. Des lumières, on vous dit !

Chaque millimètre de terrain gagné par les luttes féministes a dû affronter la dénégation masculine et son agressivité. Ça serait déjà un immense progrès que vous cessiez de vous arc-bouter dès qu'on aborde un sujet qui vous déroute. Vous en avez été incapables, au fil des siècles, à de rarissimes exceptions près. Si on pouvait compter sur vous, non pas pour nous indiquer la marche à suivre, parce que là, on frise l'overdose, mais tout au contraire pour ouvrir vos oreilles, et, soyons folles, nous filer un coup de main.

Le féminisme, je vous le rappelle, n'est jamais qu'une lutte contre l'injustice.

Intermède RATP

Été 2020. Je remarque un tweet parce qu'il raconte quelque chose que j'ai vécu à plusieurs reprises dans le RER. Surtout le soir, aux heures creuses. Quai immense. Quasi désert, ce qui suppose quelques dizaines de personnes, presque exclusivement des mecs. Je remarque que les rares nanas, dont moi, nous déplaçons insensiblement jusqu'à nous regrouper au même endroit. Sans un mot, sans un geste. Une prudence mise en commun. Et voilà que je lis que je ne suis pas la seule à avoir remarqué. Je vous livre (j'ai changé les prénoms) l'échange qui succéda au tweet. Mexplication sur fond de transports en commun… Remarquez comme elle essaie de mettre fin à l'intervention.

> **Julie**
>
> Hier soir j'attendais le métro place de Clichy et j'étais la seule meuf sur le quai, ce qui est toujours un peu anxiogène. Une meuf est arrivée et

elle est venue se mettre juste à côté de moi. ON A BESOIN DE RIEN SE DIRE POUR SAVOIR QU'ON EST DES SŒURS ET QU'ON SE SOUTIENT.

Michel

Ridicule et sexiste. C'est penser que tous les hommes sont dangereux et que toutes les femmes sont des anges. Ce qui est faux. Elle aurait très bien pu te détrousser.

Un autre intervenant

Et pourtant dans les faits les hommes sont extrêmement majoritaires dans les agressions quelles qu'elles soient. Donc statistiquement parlant se méfier d'un homme c'est faire preuve de bon sens.

Michel

Le même type de propos que Zemmour sur les musulmans. Lamentable le féminisme c'est surtout pas ça.

Julie

Il est l'heure d'aller se coucher, Michel.

Michel

Il est l'heure de te servir de ton cerveau pour dire autre chose que des propos de comptoir.

Julie

C'est bien, Michel.

Michel

Allez adios. Je vais pas m'évertuer à parler à une bornée.

Julie

C'est bien Michel !

Michel

Un peu limité comme discussion mais ça ne m'étonne pas vu tes raisonnements.

Julie

C'est bien Michel.

Michel

Visiblement y a pas que chez les mecs qu'il y a des beaufs. Tu en es un bel exemple.

Julie

Muy bien, Miguel.

Michel

Quand on est con, on a peur de son ombre. Et on stigmatise, on amalgame. La cause des femmes mérite mieux que ce genre de propos communautaristes.

"Hier soir j'attendais le métro place de Clichy et j'étais la seule meuf sur le quai, ce qui est toujours un peu anxiogène. Une meuf est arrivée et elle est venue se mettre juste à côté de moi. ON A BESOIN DE RIEN SE DIRE POUR

SAVOIR QU'ON EST DES SŒURS ET QU'ON SE SOUTIENT."

Ici, Michel reproduit le message originel. (Des fois qu'on arriverait pas à suivre ?)

Julie

C'est bien, Michel.

Porno

Ça avait si bien commencé. On appelait ça la révolution sexuelle. C'en était une, assurément. S'envoyer en l'air hors mariage et sans risque, du jamais vu. Sans craindre d'être enceinte. Imaginez-vous seulement ce que ça signifie, vous à qui ça ne peut pas arriver ? Vous pour qui baiser n'a jamais impliqué d'autre enjeu que votre bon plaisir, ni d'autre risque qu'attraper une maladie ?

Récapitulons. Avant Mai 1968. Vous aviez quartier libre. Au bordel et ailleurs. Mettre enceinte une fille signait sa mort sociale, mais vous, vous répandiez des gamètes avec des partenaires plus ou moins consentantes. Quelle importance ? Pour vous, aucune ! En attendant d'épouser une demoiselle bien proprette, bien naïve. Et sans contraception, car c'est ainsi que la France est grande. Le sexe, costume sur mesure pour une moitié de la population. Cauchemar pour l'autre. Ça a perduré des siècles. Et ça se passe encore comme ça dans tout un tas de pays et de milieux traditionnels, ici en France.

Mai 1968. Déflagration. Le printemps fleurit. On proclame la liberté de jouir sans entraves. On se dit que ça va créer des générations de gens détendus et joyeux. C'est un tel bouleversement pour les femmes que c'en est un pour les hommes, forcément. Il ne faut pas en déduire qu'on vit soudain éclore un jardin de roses. Non. Vous menez toujours la danse. Vous vous appropriez la révolution. C'est plus fort que vous ! Il s'agit de rendre les filles plus disponibles. Pour vous. Avant, elles devaient dire non à tout pour préserver leur vertu, c'est-à-dire leur réputation et leur sécurité. Après, vous attendez d'elles un oui systématique, sans quoi vous les remisez dans la catégorie chieuses coincées, et devinez quoi ? Ça ruine leur réputation ! Délices du patriarcat. Les filles ne font pas la fine bouche pour autant. La révolution, même revue et corrigée, offre une délectable bouffée d'oxygène, des perspectives… On baise à couilles rabattues, et aussi à chatte déployée. Personne ne vous enlèvera ce que vous avez dansé.

Hélas, hélas… Si les hommes savaient profiter de leur vie sans pourrir celle des femmes, ça se saurait. Les femmes libres sont le cauchemar du patriarcat. Et lui, il va siffler la fin de la récré. Finie la rigolade, finie la gaudriole, finie la joie. Les filles, ouvrez les jambes et fermez vos gueules. Souriez, vous êtes filmées. Ça s'appelle le porno. On va vous montrer qui c'est Raoul.

Dans un système aussi vieux et rodé que le patriarcat, il n'est besoin ni d'ordre écrit ni de décret. Il suffit que certains aient le pouvoir d'imposer leur volonté et que les autres n'aient pas les moyens de s'y opposer. Le porno, en soi, n'avait rien d'une nouveauté. Il n'a fait que reproduire, en l'amplifiant, la vision masculine ancestrale du sexe. Masculine et, disons-le, pathologique. Incarnée par Sade, le très surestimé chantre du fouet et du bâillon. Avec la Révolution française, la noblesse perdit ses privilèges, le patriarcat affermit les siens. Dès l'invention de la caméra, il se trouva quelqu'un pour en braquer une sur un couple en pleine action, dans un bordel probablement. Les bordels fournissaient l'imagerie pornographique de cette époque qu'on dit « Belle » et qui ne le fut que pour les messieurs riches et blancs qui pleurent aujourd'hui leur splendeur passée. C'est la technologie qui va renverser la donne. Un raz de marée d'images contrôlées par des pornographes bientôt milliardaires déferle sur la planète, sans aucun contre-pouvoir pour le réguler. On passe de l'artisanat pour branleurs aristos à l'ère industrielle de la pignole mondiale. Des meufs de tout âge, de toutes les couleurs, formes, conditions et même infirmités, sur catalogue, pour pas un rond. L'ampleur et l'omniprésence du phénomène ont forcément une influence sur les comportements. Forcément.

Internet signe l'alliance entre le patriarcat et le marché. Ces deux-là sont faits pour s'entendre. Ils se réclament de la liberté sexuelle pour la trahir et de la liberté d'expression pour la dévoyer. La seule liberté qui en résulte est celle des hommes à disposer des femmes. Ce compagnonnage n'a rien d'inédit, il en évoque d'autres. Dans un de ses titres, le grand Jean Ferrat dénonce « le salon chinois où madame Germaine, grâce à ses pensionnaires, réalisait l'union du sabre et du goupillon ». Le sabre, c'est l'armée. Le goupillon, l'Église. Cette sainte alliance, comme disait Clemenceau, consolidait l'ordre établi. Le cardinal et le capitaine fraternisaient au boxon. Le proxénète et le financier font de même sur la Toile. Et sur le dos des femmes. Immuable solidarité des institutions patriarcales.

Une gigantesque usine à fric s'est mise en place. Le spectacle est permanent sur toutes sortes d'écrans, à portée de main, à portée de regard. En deux clics on en voit plus qu'un tortionnaire chilien période Pinochet. Chambre des supplices, laboratoire du viol, catalogue des exactions, vitrine des humiliations. Des gamines, dont on ignore ce qu'elles ont bien pu subir pour en arriver là, sont soumises à tout ce que l'esprit malade d'abuseurs peut concevoir. Tout ça pour vous faire bander ? Tant de béquilles, tant d'échelles, tant de ponts-levis ? Pas si irrépressible, votre libido… À moins qu'il s'agisse de tout autre chose. De pure domination. De pure déclaration de guerre. De programme de destruction, d'anéantissement. J'exagère ? Allez-y voir de plus près ! Googlez « chatte détruite » ou « prolapsus rectal ». N'émettez pas d'avis sur la pornographie avant d'avoir vu le massacre. Que je sache, Amnesty International ne bouge pas une patte à ce sujet. La torture est manifeste. Mais cette torture-là, ils s'en foutent.

Le porno s'est institutionnalisé. Il s'est banalisé, on en parle ouvertement, on en rit. Il est « entré dans les mœurs », comme le constatait *Le Monde* dès 2005. Quiconque se permet une critique, émet une réserve, est rejeté illico parmi les coincés, les ennemis du plaisir.

Parce que le porno, ça serait du plaisir ? C'est du spasme, au grand maximum. C'est tout ce qu'on lui demande, me direz-vous. Une branlette et on passe à autre chose. Mais si pour bander on a besoin de cette galerie de filles chosifiées, exposées, offertes, brutalisées, si ce saccage est considéré comme légitime, c'est qu'il y a quelque chose de pourri dans la libido ambiante.

Le porno repose sur la surenchère. Sade, aussi frelaté soit-il, ne sollicitait que l'imaginaire. Maintenant on filme. Des images de vrais corps font reculer les limites de l'envisageable. Puisque c'est montré, c'est que ça existe. Et si ça existe, on peut en faire autant. Pour générer des vues, il faut aller toujours plus loin dans les sévices. Franchir des étapes. Battre des records. L'internaute accède à des scènes extrêmes. Sans le moindre filtre. Les décrire, c'est déjà jouer le jeu, se compromettre. Le porno est un bâton merdeux qu'on ne peut saisir sans participer à la chaîne abjecte. Certains codes du porno prévoient, en plus, un moment où la fille affirme face caméra qu'elle adore ce qu'on vient de lui faire. Figurez-vous que se mettre la tête dans la cuvette des chiottes, ça la branche grave. Il faut bien déculpabiliser le voyeur si on veut qu'il revienne.

Devinez quoi ? Elles sont consentantes ! Le grand mot est lâché. Consentante, sésame de tous les abus. Consentante est le mot des violeurs. Celui qu'assènent tous les accusés. « Elles sont consentantes ! » glapissent les complices, toujours prompts à justifier les coups qui frappent les autres. Consentantes mon cul. Je n'en peux plus de ce mot. Tant qu'on n'aura pas remplacé « consentir » par « désirer », on restera dans la barbarie patriarcale.

Il n'est pas difficile d'imaginer les mille manières dont on peut amener une personne, a fortiori très jeune, à ne pas refuser, NE PAS REFUSER, de s'exécuter. Entre ne pas refuser et accepter, puis entre accepter et désirer, il y a succession de gouffres. Le porno n'est pas hors contexte. Il s'inscrit dans une culture. La culture du viol. On ne se retrouve pas par hasard devant une caméra en train de sucer un inconnu.

On entend mentir les pornographes. Se la jouer pourfendeurs de l'ordre moral, briseurs de tabous. Faux. Ils ne sont que des prédateurs sans autre foi que leur intérêt, sans autre loi que celle du plus fort.

Et puis MeToo est arrivé. Les filles ont parlé. Et on n'apprend rien qu'on ne sache. Des journalistes avaient déjà décrit la réalité des plateaux de tournage. Ce qui est nouveau n'est pas qu'elles parlent, mais que quelqu'un les écoute. Elles confirment : pressions pour imposer ce qu'elles ont refusé au départ, violences, mépris, racisme, arnaques de fric. Puis des images qui s'inscrivent, qu'elles ne contrôlent pas, dont elles ne pourront pas se débarrasser et dont elles seront seules à payer les conséquences. Nulle ambiguïté : il s'agit bien de contrainte et de rapport de forces. Une enquête pour viol et proxénétisme a été ouverte par le parquet de Paris. C'est toujours ça. Reste à voir ce qui en résultera. Je ne suis pas optimiste dans ce domaine. Les crimes patriarcaux sont hors champ.

Dans le porno, ce qui gêne, ce n'est ni le cul, ni la nudité, ni l'exhibition, mais la mise en scène systématique de la soumission et de l'humiliation des femmes. De leur défaite. Qu'une image soit bandante la légitime-t-elle ? Dans le monde porno, oui. Si ça excite, c'est bon. Ça fait bander ? C'est bon. Ça permet de se branler vite fait ? C'est bon. Même si ça montre un viol ? Un inceste ? Une quadruple péné qui risque de créer des lésions irrémédiables ? Une pipe tellement profonde que la fille suffoque ? C'est bon, bon, bon ! La justification ultime est l'excitation qui en résulte. « Ce ne sont que des fantasmes », me dit l'une. Un autre, plus réservé, estime que la seule forme acceptable de porno est le manga de cul : « Ce sont des dessins, personne n'est maltraité pendant le tournage. » Se passer de la case brutalités effectives, c'est mieux, mais le message reste :

les filles aiment qu'on les maltraite. Même si elles prétendent le contraire. Et ça, ça compose la toile de fond très réelle de violences tout aussi réelles.

Internet est une mine de renseignements sur ce qui excite les mecs. Pas tous ? Si. Tous. Et les femmes aussi. Mais si ça excite aussi les femmes, tout le monde y trouve son compte, non ? Non. L'excitation ne tombe pas du ciel. Elle découle d'une mise en condition. Rappelez-vous le dressage dès l'enfance. On est dans le suggéré, l'insidieux, le non explicite. La culture du viol, lente imprégnation mentale. Très efficace sur les jeunes esprits. La distribution des rôles ? Immuable. Le garçon est appelé à maîtriser la situation, la fille à perdre le contrôle. Sa force rend le garçon désirable. C'est sa faiblesse qui rend la fille désirable. Il est Spartacus, gladiateur, combattant les fauves. Elle est Blandine, ligotée à un poteau et livrée aux lions. Ils finiront bouffés tous les deux, mais après un scénario différent. Même moulinette pour tout le monde, mais en sens inverse. Vous aventuriers, nous princesses. Vous êtes condamnés à l'activité, nous à la passivité. Freud confirme. N'en loupe pas une, lui.

C'est sur cette trame que se brodent les scénarios qu'on ne joue que dans sa tête, le soir, dans son petit lit, pour se donner de l'élan dans les naïves séances d'auto-tripotage vers la joie. Et vers l'adolescence. La branlette enfantine, matrice des fantasmes en gestation.

C'est là que prend source ce qu'on nomme « fantasme de viol ». Bien sûr que ça existe, le fantasme de viol. C'est même la seule issue dans le contexte. Le seul moyen de légitimer un plaisir présenté comme avilissant. Ça n'a juste RIEN à voir avec le viol. On ne fait que tenter de se déculpabiliser. Si tu es forcée, tu n'y peux rien. Et si tu n'y peux rien, tu n'es plus une pute. Sainte Blandine ne saurait résister. Elle peut donc se laisser aller, jouir. On ne peut rien lui reprocher. Elle n'est pas coupable. Pas une pute.

C'est vicelard, hein? On nous met dans la tête, comme si elle nous était innée, l'arme qui va se retourner contre nous. « Enfin une femme qui avoue », énonça en 1954 Jean Paulhan, à la parution d'*Histoire d'O*, un roman sado-maso, un viol par page, écrit par une femme. Et qu'est-ce qu'elle avoue donc, cette femme? Mais son désir secret, bien entendu! Quand je vous dis que le porno n'a rien inventé. On apprendra plus tard que l'autrice, Pauline Réage, l'avait écrit pour son amant, pour l'exciter lui, donc. Mais peu importe. Il en reste qu'on aime être maltraitée. Telle est notre nature masochiste.

Aussi honnête que si dès l'enfance on nous faisait respirer de l'amiante, dont on sait que plus les particules sont fines, plus elles pénètrent profondément et plus elles empoisonnent. Vers quatorze ans, on ferait une radio des poumons, et qu'est-ce qu'on constaterait ? Les effets de l'amiante : inflammation, asbestose. Et on en conclurait que l'affection est congénitale. Le cercle est ici au-delà du vicieux.

Bienvenue au paradis des proxos. La société tout entière roule pour des pornocrates à la Xavier Niel, visqueux personnage à la tête d'un empire financier né du Minitel rose. Mis en examen pour proxénétisme, il bénéficia d'un non-lieu. Tu m'étonnes. Dans l'état actuel de la législation et celui des mentalités, passer à travers les mailles du filet lui est un jeu d'enfant. La loi patriarcale n'est pas équipée pour lutter contre ce genre de types. Sa liberté de nuire prévaut sur notre intégrité physique et morale.

Il n'y a pas de bonne ou mauvaise pornographie. Il y a un crime contre les femmes. Et pour vous, les mecs, un privilège de plus. Vous n'avez qu'à vous laisser porter par le courant. On vous sert sur un plateau. *Open bar.* Porno, putes, filles à importuner et au-delà si ça vous branche. Ça roule. Vous ne risquez rien.

Chaque fois que vous vous paluchez devant un porno, vous versez votre obole à la culture du viol. Et la culture du viol, ça fait de la casse. Ça abîme. Ça tue. Ça massacre. Pendant combien de temps allez-vous assumer ?

Sans compter que, dans cette histoire, vous aussi vous vous faites voler. Vous vous faites bien avoir. Ça vous rend accro à une sexualité de merde. De prédateur. Étroite. Mesquine. Indigente. Vous, ça ne vous tue pas, mais ça vous fait du mal. Ça prétend affirmer votre « puissance », ça fait le contraire. C'est votre impuissance que ça illustre. Ça vous châtre de ce que vous avez de plus précieux : votre affect, votre sensibilité, votre délicatesse, votre tendresse. Votre capacité à aimer. Ça ampute votre humanité. J'aime penser que vous valez mieux que ça. Tout le monde vaut mieux que ça.

Alors à quoi on joue ? Si le patriarcat fait du mal même aux mecs, qu'est-ce qu'on attend pour le foutre en l'air ? Vous pouvez trouver plus con qu'un système qui rend tout le monde malheureux ? Sérieux ?

Si c'est construit, ça peut se déconstruire. Dans cette affaire, les seuls bénéficiaires sont les pornographes.

Au point où on en est, il faut en finir avec la pornographie. *Pornos*, en grec ancien, désigne la personne prostituée. Il va falloir repartir de zéro. Changer de mot.

Changer d'étymologie. Changer d'imaginaire. Créer un nouvel univers. Mobiliser des artistes, et autant de talent, voire plus, que pour toute autre création. Une autre manière de filmer, un autre état d'esprit, ne peuvent être le fait que de réalisatrices et réalisateurs ayant une approche artistique, une vision personnelle, le désir de l'exprimer et du respect pour les comédien·nes. Défi autrement excitant que coloniser Mars…

Aujourd'hui, c'est le visionnage précoce de la pornographie qui tient lieu d'éducation sexuelle. Gâchis à tous les étages. À douze, treize ans, les minots commencent à mater des trucs déconnectés de la réalité. Aussi vraisemblables que les scènes de bagarre au cinéma. Quand Bruce Willis se fait casser la figure dans un film, au troisième coup il en serait à six mois d'hosto, mais à l'écran, après tabassage en règle, il repart en petite foulée pour de nouvelles aventures, frais comme un gardon. Pareil pour le porno. Au moment clé où se forme l'univers érotique, les ados sont enfermés dans un monde de domination et de brutalité. Un parcours fléché. Nous savons le pouvoir des toutes premières images inscrites sur la page blanche des très jeunes cortex. Elles s'incrustent dans l'inconscient et structurent les excitations à venir. La marque est indélébile.

Certains parents, eux-mêmes prisonniers de leurs tabous, de l'ignorance, de la honte, préfèrent fermer les yeux plutôt que poser les bonnes questions. Comment guérir de cette sexualité pathologique ? Comment cesser de la transmettre ? Comment éduquer à la liberté ? À l'Éducation nationale, toutes les tentatives en ce sens se sont heurtées aux lobbies familiaux. Et religieux.

Qu'on se souvienne du destin hallucinant des « ABCD de l'égalité », pourtant timides, par lesquels, en 2014, Najat Vallaud-Belkacem tenta de faire prendre conscience des stéréotypes de genre aux élèves des écoles et collèges. Juste ça. Seulement ça. Des associations de parents d'élèves catholiques, soutenus par des groupes d'extrême droite, réagirent au quart de tour, montèrent un pataquès, au prétexte que les ABCD divulguaient la « théorie du genre ». Ce qui, d'après eux, entraînerait la destruction de la famille, la perversion de la jeunesse et l'indifférenciation des sexes. Ils savent rester simples, ces gens-là. C'est l'apocalypse qu'ils annoncent depuis toujours, comme ils l'ont fait pour le divorce, la contraception, le mariage homo ou toute innovation tendant à laisser les gens vivre à leur guise.

Les intégristes et les conservateurs sont des puritains, craignant un plaisir qui les obsède et les terrorise. Qu'ils jugent sale et dangereux. Ils n'hésitent pas à se battre pour que leurs critères de peine-à-jouir soient imposés à toute la population. Ils s'érigent en protecteurs de la jeunesse. Et comme ils ne brillent pas par l'intelligence, ils font le contraire. En fermant les vannes d'une information saine et libératrice, ils les livrent tout crus à la jungle. Laissent un boulevard à la pornographie. C'est de la non-assistance à personnes en danger. Le danger, c'est l'ignorance, la honte, la peur.

Ils font bloc dès qu'on tente de parler aux enfants et aux ados d'un des pans les plus importants de leur vie. Parler de sexe, de désir et de plaisir aux jeunes leur donnerait des idées. Ils sont idiots ou quoi ? Sans doute. Il se peut aussi qu'une partie d'entre eux défende sciemment son pré carré ? Si les enfants agressés sont très nombreux, il faut en conclure que les adultes qui les agressent sont eux aussi très nombreux, assez pour s'infiltrer dans les associations ? Se constituer en lobbies ? Peser sur les événements ? Je ne peux pas le croire. Des gens si respectables.

Comment est-il possible, dans un pays laïc, que des lobbies religieux minoritaires imposent leurs vues ? En termes d'éducation sexuelle, aucun gouvernement n'est allé au-delà de la prévention des MST et des grossesses non désirées. Aucun ne s'en est donné les moyens.

Se laisser intimider par des pères-la-pudeur doit leur paraître plus rentable électoralement. Tant pis pour les enfants. Tant pis pour le plaisir. Tant pis pour la liberté. Quelle misère. Quelle lâcheté.

Les ABCD de l'égalité furent supprimés avant même d'avoir existé.

Le porno, c'est la loi du plus fort. C'est une vision totalitaire du sexe. Des milliards d'images, un message unique. Le porno se dit subversif, se pose en adversaire de la morale bourgeoise. C'est tout le contraire. Les pornographes sont des conservateurs. Des profiteurs. Des piliers d'un ordre établi qui ne tient que par la manipulation et la contrainte.

LGBTTQQIAAP+

Madrid, il y a quelques mois. Tombée du jour, avenue commerçante, vitrines allumées. Je marche derrière un couple qui se tient par la main, doigts entrelacés, épaule contre épaule, se regardant toutes les trois secondes. Manifestement amoureux. Deux garçons. Quelques instants plus tard, alors que j'attends le vert pour traverser à un passage piéton, deux jeunes filles, qui patientent aussi, en profitent pour se rouler une pelle d'anthologie. Je me dis que le monde a changé et que ça fait plaisir. Le droit à l'indifférence progresse. Il faut voir ce qu'avant on ne voyait jamais pour prendre conscience que depuis toujours les homos, femmes ou hommes, se cachaient pour s'aimer. Condamnés à se planquer, à craindre d'être découverts. Que de générations empêchées de vivre librement, de respirer tranquilles. En France, ce n'est qu'en 1982 que l'homosexualité a été dépénalisée (gouvernement de gauche, pour info). Elle n'est sortie de la liste des maladies mentales de l'OMS qu'en 1991.

Elle reste passible de la peine de mort dans huit pays : Afghanistan, Arabie saoudite, Émirats arabes unis, Iran, Mauritanie, Soudan, Yémen et quelques subdivisions du Nigeria. Elle reste criminalisée dans quatre-vingts États. À noter que dans quarante-trois pays, seule l'homosexualité masculine est interdite. On pourrait se réjouir que les femmes échappent à la répression si ce n'était la marque ultime du mépris dans lequel on les tient. Tant qu'elles demeurent disponibles pour leur seigneur et maître, par le mariage forcé et autres formes de viol légal, leur homosexualité n'entre pas dans le tableau.

Ici et maintenant, les homosexuel·les ont conquis un relatif droit à l'indifférence. Même si ce qui s'écarte des chemins balisés de l'hétérosexualité donne encore lieu à des mortifications qui vont du sale regard avec insulte au lynchage en passant par le cassage de gueule. Des parents persistent à virer leurs enfants de chez eux quand ils s'aperçoivent qu'ils sont homos. Le combat continue.

Dans l'effervescence qui suit Mai 1968, le mot « révolution » est partout. La lame de fond féministe commence à envoyer cul par-dessus tête l'oppression patriarcale. Dans la foulée, le Front homosexuel d'action révolutionnaire, lancé par des homos des deux sexes, fait son apparition. Les lesbiennes, point de jonction entre féminisme et homosexualité, vont vite se rendre compte que le patriarcat n'est pas soluble dans le gauchisme. Chez les homos, comme ailleurs, comme partout, les hommes s'approprient tout l'espace. Elles quittent le FHAR et s'organisent entre elles. Leur apport à la pensée et à l'analyse féministe sera essentiel.

Adviennent les années 90. Dans le *backlash* médiatique ambiant, je perçois le mouvement queer comme une salutaire bouffée d'oxygène. J'y vois un allié face à l'ennemi commun : le patriarcat. Des Gay Pride défilent un peu partout dans le monde. Naissance du sigle LGBT. Sur le site officiel vie-publique.fr, on le présente ainsi : « Le terme "homosexuel" ("gay"), considéré comme trop restrictif, est remplacé par ce sigle [LGBT] qui englobe soit une orientation sexuelle (lesbienne, gay, bisexuel), soit une identité de genre (transsexuel et transgenre). Il est souvent accompagné d'un "+" pour inclure d'autres orientations sexuelles, identités et expressions de genre. »

Son côté fourre-tout, festif, et son drapeau arc-en-ciel s'intègrent au paysage des mobilisations. Pourtant, nous sommes déjà dans le politiquement flou. Dans sa version première en quatre lettres, l'acronyme lie quatre groupes aux réalités différentes. L et G, lesbiennes et gays, en tant qu'hommes et femmes, se situent de part et d'autre de l'oppression patriarcale. Leurs statuts respectifs sont hiérarchisés. Le relais médiatique des unes et des autres aussi. Entre L et G, c'est à G que les médias donnent la parole. Quant au B pour bi, on saisit mal en quoi la bisexualité entraîne une oppression spécifique par rapport à celle que vivent les homos. La pertinence d'en faire une catégorie particulière n'est pas évidente. Sauf à considérer qu'ils sont à la fois rejetés par les hétéros en tant qu'homos et par les homos en tant qu'hétéros. On a connu plus confortable. Et il y a T pour trans. Une seule initiale pour deux démarches. Intégrer le camp des dominants ou celui des dominées n'a rien de symétrique : c'est franchir les lignes patriarcales dans un sens ou dans l'autre. C'est changer de statut politique. La neutralité que suggère l'initiale unique est inadéquate dans un contexte de hiérarchie sexuelle.

Je n'ai pas toujours su que les trans existaient. Quand je l'ai appris, c'est par le prisme de ma biculturalité que j'ai commencé à les percevoir. Être à cheval sur deux cultures, deux langues, deux territoires ou deux parents de couleur différente ouvre l'esprit. Nous autres savons depuis toujours qu'il y a, a minima, deux façons d'appréhender le monde. Nous portons en nous l'ambivalence. Nous jetons un pont, nouons un lien. Assurons sa souplesse au corps social, façon ligaments articulaires. Oiseaux migrateurs, passeurs de frontières, courroies de transmission, vecteurs de communication, appelez ça comme vous voulez. Dans la tribu bigarrée du métissage, les trans, nomades des gonades, ont leur place et enrichissent l'aventure humaine de leur singularité. Quel que soit le sens de leur voyage.

Dans une conférence TED datant de 2017, Paula Stone, qui a transitionné à l'âge adulte, fait part de sa découverte. Passer du statut d'homme à celui de femme lui donne un point de vue particulier. Paula dit : « Il y a des choses qu'une femme cisgenre (c'est-à-dire une femme née femme et qui se sent femme) sait, et que je ne saurai jamais… J'en apprends beaucoup sur ce que signifie être une femme, et j'en apprends aussi beaucoup sur mon genre d'origine… Je vis l'expérience unique d'avoir vécu des deux côtés, et laissez-moi vous dire que les différences sont massives. » Elle mentionne sa surprise devant la taille des poches d'un jean féminin, où il tient à peine une clé USB quand celles d'un jean masculin font office de sac à main. Anecdotique, mais instructif. Elle se heurte aussi à ce que nous pratiquons au quotidien. Le *mansplaining* et le fait d'être considérée comme stupide dès qu'un aspect technique est abordé. Paula parle aussi de ce qu'elle était en tant qu'homme: « Un homme blanc instruit n'a aucun moyen de comprendre à quel point la culture penche en sa faveur. J'ai gardé avec moi mon privilège masculin. » Elle est bien placée pour le savoir. Elle conseille aussi aux hommes de croire les femmes. Dans *La Femme eunuque*, paru en 1970, Germaine Greer, féministe australienne, souhaitait la bienvenue parmi les femmes à celles qui le devenaient. Nos sœurs. Sœurs de lutte et de destin. Gageons qu'à l'instar de Paula Stone, la plupart des personnes trans, comme les personnes homosexuelles, aspirent au droit à l'indifférence, à une existence paisible, au respect de leurs choix, à l'abri des préjugés. Comme tout le monde. Vivre et laisser vivre…

Années 2010. La mobilisation en faveur du mariage pour tous est intense. L'intégration des femmes ne va pas de soi: on désigne d'abord comme « mariage gay » ce qui ne sera nommé « mariage homo » que dans un deuxième temps, ce qui inclut les femmes, de facto. Les féministes apportent leur soutien. Les médias relayent plus volontiers les actions des homos que les luttes féministes. Prime à la masculinité. Les gays sont *trendy*. Les lesbiennes, beaucoup moins. Les féministes, pas du tout.

Des lesbiennes témoignent de leur marginalisation au sein même des assoces. Le 21 mai 2019, des militantes publient dans *Têtu* une « Lettre ouverte à nos camarades militants gays », relayée par *Les Inrocks*. Elles déclarent : « Nous souhaitons par cette tribune faire part d'un ras-le-bol. Le ras-le-bol du sexisme et de la misogynie ordinaires régnant dans le milieu LGBT, autant que dans notre société en général. Être une femme dans le milieu LGBT, c'est être confrontée à une double peine. Loin de nous l'idée de hiérarchiser les minorités, mais force est de constater que notre double discrimination, femme et homosexuelle, ne semble pas véritablement être intégrée par un certain nombre de gays, malgré quelques discours de façade ! [...] Nous avons toutes assisté à ou vécu des scènes ahurissantes nous rappelant qu'au-delà d'être gays vous êtes des hommes avant tout. »
Un gay, par le simple fait de l'être, n'est pas pour autant féministe. De même, la transition n'est pas en soi porteuse d'une contestation de l'ordre social. Prétendre déconstruire les normes de genre sans commencer par contester la hiérarchie des sexes et les rapports sociaux de classe équivaut à poser un pansement sans désinfection préalable. On aura un beau sparadrap, et dessous, une plaie toujours aussi purulente.

La confusion perceptible depuis le début s'accentue. Les mots sexe et genre se confondent, se font interchangeables comme s'ils définissaient la même chose. Au fil des années, le sigle LGBT mute en bidule à géométrie variable. Il se complexifie. Des initiales sont ajoutées, correspondant chacune à une catégorie spécifique de genre. On fait et refait l'inventaire des possibilités, des sensibilités. On en est à LGBTTQQIAAP+, et rien ne dit qu'on en restera là. Être femme ou homme se dilue au profit d'une nouvelle nomenclature. Le sexe disparaît. Le genre prolifère. En 2014, Facebook offre une liste de cinquante-deux identités de genre… Cinquante-deux!

Quand on établit la moindre variation anatomique ou psychique ou hormonale ou chromosomique ou comportementale en catégorie spécifique, quand il n'y a plus deux sexes mais des dizaines de genres (et ça n'a rien d'exhaustif), quand il n'y a plus ni femmes ni hommes, à quoi rime le féminisme? Le patriarcat sur lequel on avait mis des années à attirer l'attention sort du champ. S'il n'y a pas deux sexes mais une infinité de possibilités équivalentes dont chacune constituerait une identité propre, la base même de l'analyse féministe est dissoute. Sans masculin, pas de domination masculine. En quoi les femmes seraient-elles opprimées? Quelles femmes ? Opprimées comment ? Par qui ? Si être femme devient flou, l'oppression subie devient floue aussi. Le patriarcat retrouve le sfumato qui lui convient. Brouillard est son royaume…

Comment, dès lors, l'analyser ? Le dénoncer ? Comment cette profusion de genres s'articule-t-elle avec le féminisme ? Avec la lutte contre le patriarcat ? On se réfère au genre en soulignant ses effets ou en précisant ce qu'il n'est pas, sans le définir avec précision, comme quand on dit que le sucre est cette substance qui rend le café amer quand on oublie d'en mettre. Un raz de marée de néologismes ne permet pas d'y voir plus clair : intergenre, transgenre, cisgenre, plurigenre, genre pluriel, binarisme de genre, génériicide…

Question : de quoi parle-t-on exactement ?

Le 29 juin 2018, dans son émission *Arrêt sur images* (France 5) sur le thème « Les couleurs arc-en-ciel, je m'en fous », Daniel Schneidermann reçoit quatre personnes et fait remarquer que le plateau est « majoritairement masculin ». En effet, les quatre invités sont des hommes. On n'est pas dans le majoritairement mais dans l'exclusivement. Pas du tout, figurez-vous. L'un d'entre eux réagit : « Je ne suis pas un homme, monsieur. Je ne sais pas ce qui vous fait dire que je suis un homme, mais je ne suis pas un homme. » Schneidermann, interloqué, répond : « Votre apparence ? » Son interlocuteur a la voix grave, un collier de barbe et une calvitie *in progress*. Il ajoute : « Il ne faut pas confondre identité de genre et expression de genre sinon on va déjà mal partir. Je suis non binaire, donc ni masculin ni féminin, et je refuse qu'on me genre comme un homme. » Il refuse qu'on le genre, donc. Son voisin de pupitre n'est autre que le porte-parole du Strass (« Syndicat » du « travail sexuel »), qui déplace la question en faisant remarquer qu'ils sont aussi, tous les quatre, blancs. Il en faudrait plus pour désarçonner notre non-homme, qui rétorque qu'il n'est pas blanc non plus puisqu'il est « à moitié libanais ».

Après l'émission, grosse marrade sur les réseaux sociaux. J'avoue avoir éclaté de rire devant une telle absurdité. Hélas, la scène est aussi prétexte à un déchaînement homophobe dont les réseaux sont coutumiers. De quoi noyer tout débat, car pour ne pas alimenter une polémique indigne mieux vaut s'abstenir de réagir. Et risquer de légitimer l'idée qu'on peut choisir son sexe simplement par la parole. Reste que, sur ce plateau, Arnaud, Gauthier, Joël et Thierry, quatre hommes, dont un lobbyiste du proxénétisme, s'expriment au nom des LGBT. Zéro femme.

Il est manifeste qu'autre chose est en jeu. Que la cause très légitime des homos et des trans est instrumentalisée, qu'elle sert de cheval de Troie. Mais dans quel but ?

Il suffit de quelques activistes pour faire bouger des lignes de solidarité qu'on croyait inamovibles, que JE croyais inamovibles, pour que tout parte en vrille. Des groupes estampillés LGBTQI+ passent en mode agressif, très agressif. Contre les féministes. Désormais quiconque n'adhère pas sans conditions à leurs positions se voit traité de transphobe, et ce terme disqualifie d'emblée la moindre réserve ou contestation.

Le champ lexical féministe sur la liberté de choix est détourné pour s'appliquer à… la prostitution et la pornographie ! On voit poindre des néologismes tels que « putophobie » pour discréditer la lutte des abolitionnistes, également traitées d'« abolos » avec le dernier mépris. Depuis quelques années, une très violente campagne de cyberharcèlement voue aux gémonies quiconque émet l'ombre d'un avis sur l'identité de genre nouvellement définie et redéfinie et indéfinie. Questionner ? Débattre ? Échanger ? Hors de question. Excommunication immédiate pour quiconque s'écarte de la doxa ou emploie un mot jugé non conforme.

Oui ou non? Pour ou contre? Avec ou sans? Vrai ou faux? Noir ou blanc? Choisis ton camp, camarade. La bonne vieille technique stalinienne, arme fatale, refuge de toutes les approximations, a fait ses preuves. Elle est prête à saisir à la gorge toute tentative de réflexion. Pas de nuance, pas de subtilité. Il devient impossible de penser. L'ennemi désigné est le féminisme, les féministes. Une nouvelle insulte vient enrichir le déjà très pléthorique arsenal machiste: TERF. Encore un acronyme. Anglo-saxon. Ça veut dire *trans-exclusionary radical feminist*. En français, « radicale féministe excluant les trans ». Qui exclut qui de quoi? Accrochez-vous au bastingage, ça va secouer! Les femmes, j'ai envie de dire les femmes bio, qui ont un utérus, des règles, qui sont enceintes, accouchent, allaitent, doivent se trouver une autre terminologie pour s'autodésigner, sans quoi les trans seraient « exclues ». Ça serait discriminatoire. Surgissent alors des euphémismes tels que « personnes ayant un utérus » ou « personne avec des seins » ou « personnes qui avortent », car certaines femmes auraient un pénis, de la barbe, et n'en seraient pas moins femmes puisque c'est ainsi que ces personnes se ressentent. Les femmes bio doivent reculer d'un pas pour que les femmes à pénis se sentent bien dans leur peau. Un peu comme si un invité dormant dans votre chambre d'amis décidait de vous virer de l'appart. Bref, nous ne serions plus des femmes à part entière, mais une sous-catégorie devant être renommée afin de préserver la sensibilité identitaire des nouvelles venues, même celles qui n'ont de femme, en l'occurrence, que l'intention de l'être. Car il est des pays où l'appartenance sexuelle est purement déclarative. On se définit soi-même, c'est pratique !

À partir de là, nous entrons dans le très grand n'importe quoi. Dans le sport, les effets sont fracassants. Un exemple, rapporté par Barbara Key dans le *National Post* (Canada anglophone) en octobre 2020, concerne des athlètes trans passées des compètes masculines, où elles ont des résultats médiocres, à des compètes féminines, où elles explosent les performances de leurs concurrentes. Sans déc' ! Ainsi de la coureuse CeCé Telfer qui, au 400 mètres haies, vole de la deux-centième place au podium, ou de la joueuse de rugby Kelly Morgan, qui a plié une adversaire « comme une chaise longue » d'après son capitaine. On est ici dans le fair-play habituel du patriarcat, à savoir aucun. Nous n'en sommes pas là en France, pas encore. Mais ça vient…

À l'été 2020, une polémique a mis en lumière la capacité de grabuge médiatique des intégristes trans.

J. K. Rowling, autrice de *Harry Potter* et féministe, s'est vue traitée de transphobe et a fait l'objet d'un *bashing* ultra-violent sur les réseaux sociaux.

Pourquoi ? Pour avoir réagi, sur Twitter, à un article publié sur le site *Opinion* et intitulé : « Créer un monde post-Covid-19 plus égalitaire pour les personnes qui ont leurs règles. » Rowling poste : « "Personnes qui ont leurs règles". Je suis sûre qu'on avait un mot pour ces personnes, avant. Quelqu'un peut m'aider ? Fummes ? Fimmes ? Fommes ? »

Ironie fatale. Insinuer que le meilleur mot pour définir une porteuse d'utérus est « femme » ? Provocation ! Indignation ! Torrent de haine. La voilà marquée du sceau d'infamie : TERF ! Elle tente de s'expliquer : « Je respecte le droit de toute personne trans à vivre à sa guise, comme il lui paraît le plus sincère et confortable. Je manifesterais à vos côtés si vous étiez victimes de discrimination basée sur votre transidentité. Et en même temps, ma vie a été façonnée par le fait que je suis de sexe féminin. Je ne pense pas qu'il soit haineux de le dire. » Peine perdue. Une fois l'anathème lancé, impossible de se défendre. Les comédiens qui ont incarné à l'écran les héros de son livre se désolidarisent d'elle.

Aux USA, les ventes de ses livres chutent. Sur Twitter déchaîné surgit le hashtag #TerfsAuBucher. Au bûcher ? Carrément ! Messages aussi pleins de haine que vides d'arguments. Parfois servilement relayés par des féministes qui se laissent intimider et tiennent à se ranger dans la modernité du moment. Intimidées au point de reprendre à leur compte une image de bûcher qui évoque des persécutions d'un autre âge. Terrifiant.

Je suis un être humain. Et je suis une femme. Je reconnais aux trans tous les droits que je reconnais à n'importe quel être humain. Mais je ne leur reconnais pas celui de limiter mon utilisation du mot « femme » en fonction de critères qui leur sont propres. Je ne reconnais à personne le droit de me définir. Pas plus que je ne m'octroie celui de définir autrui.

Si être une TERF, c'est être une féministe qui considère qu'il y a deux sexes, dont l'un opprime l'autre depuis toujours, et qui se bat pour que ça cesse, alors je suis une TERF. Comme je suis une sorcière, une tricoteuse, une pétroleuse, un bas-bleu, une suffragette, autant de termes péjoratifs pour les résistantes au patriarcat. Je suis du côté de celles qui refusent de plier.

Avez-vous remarqué que nulle femme devenue homme, nul trans, ne va contester aux hommes bio le fait d'être appelés hommes ? Nul trans ne cherche à imposer qu'un individu équipé de testicules produisant des spermatozoïdes soit dorénavant appelé « porteur de couilles nature » ou « source de bon jus à pépère ». Non. Pourquoi ? Parce qu'avant, ces hommes étaient des femmes et n'ont donc jamais eu pour pratique culturelle ancestrale d'aller faire chier les gonzesses pour un oui ou pour un non.

La transition laisse le cerveau intact, à ce qu'on voit. Les femmes trans ont été socialisées en tant que mâles, et pour certaines, ça leur est resté. Leurs habitudes de dominants les mènent à redéfinir, sitôt débarquées, les règles du jeu. Et, en cas de résistance, à avoir recours à l'insulte. À l'agression. Terf ? Sérieux ? Vous vous sentez exclues ? Sachez que c'est un pli à prendre quand on est une femme, et que les féministes n'y sont pour rien. Inventer des mots, créer des néologismes, il faut que ça ait un sens. Un autre sens que votre simple soif de pouvoir et de dépossession. Vous voulez venir habiter avec nous ? Bienvenue. Pensez à abandonner, avec votre ancienne identité, votre propension à nous contrôler, parce que là, on vous voit les couilles. Celles que vous avez dans la tête. Inamovibles, apparemment.

Affaire marginale ? Sans importance ? Sûrement pas. Elle a des conséquences, ici et maintenant. Des féministes invitées à prendre la parole dans des meetings en ont été exclues pour cause de terfitude, qu'on nomme transphobie pour l'occasion.

Ainsi, en octobre 2019, la faculté de Bordeaux annula-t-elle « à la suite de menaces violentes » une conférence-débat avec Sylviane Agacinski, dont on peut partager les idées ou pas, mais dont on voit mal au nom de quoi on lui refuserait le droit de les exprimer.

Un article sur le sujet, publié par le *HuffPost* le 12 janvier, a été dé-publié sous ce même prétexte. Maintenant on dit dé-publier, avant on aurait dit censurer. Être qualifiée de transphobe, c'est se voir accusée de s'opposer à l'avancée des droits des personnes trans. À quels droits exactement ces féministes se sont-elles opposées ? Quand ? On aimerait le savoir, ça permettrait de débattre.

Je résume : il faudrait renoncer à se définir en tant que femme au prétexte que d'autres, que nous accueillons volontiers mais qui n'ont ni le même corps ni le même processus de socialisation, qui ont appartenu par naissance au groupe qui nous opprime et s'approprie notre être depuis toujours, en émettent le désir et passent en mode agressif si on renâcle ? Ces personnes se sentent mortifiées de n'être pas des femmes comme les autres ? Mais elles ne sont pas comme les autres ! La belle affaire ! Elles partagent une autre expérience de vie, qu'aucune femme n'a connue, et leur vécu leur appartient et les définit. Ce n'est insulter personne que de le dire.

Aussi absurde soit-elle, l'idée fait son chemin. Le 26 février 2020, une tribune, hallucinante par son propos et par la qualité de ses signataires, est publiée dans *Libé* sous le titre : « Le débat sur la place des femmes trans n'a pas lieu d'être ». Dans une démocratie, tous les débats ont lieu d'être, sauf face à l'extrême droite, alors quoi ? Alors voilà : les féministes seraient transphobes en ceci qu'elles récuseraient les droits des trans. Dans la conclusion sont mentionnés « la lutte contre le paternalisme médical, l'accès à la PMA et la conservation de gamètes ». Que je sache, aucune féministe ne s'est jamais opposée à ce que les trans luttent à leurs côtés sur ces questions. Il ne s'agit pas de cela. Mais de graver dans le marbre que les femmes trans sont des femmes comme les autres, point barre, ça ne se discute pas. Puis on peut lire ceci : « … des groupuscules féministes et des mouvements réactionnaires d'extrême droite ou chrétiens intégristes collaborent pour s'opposer aux droits des trans ». La tribune met ainsi en parallèle Meghan Murphy, féministe que ses écrits légitiment depuis des années, et Jordan Peterson, idéologue d'extrême droite. Leur seul point commun est d'être canadiens. Bonjour l'amalgame.

La transidentité est une question politique importante. Ce n'est en rien un débat qui « n'a pas lieu d'être ». Quand on préfère une tribune truffée d'erreurs, d'approximations et de mensonges à un échange loyal, c'est qu'on est en pleine dérive. Et que le patriarcat en tirera les marrons du feu.

Il est paradoxal qu'à l'heure où le sigle LGBTTQQIAAP+ établit un distinguo de plus en plus fin, des nuances de plus en plus subtiles, il faille ranger dans une seule et unique catégorie les femmes bio ou trans, les prétendre identiques. Éjecter les femmes de la liberté de s'autodéfinir, principe pourtant revendiqué pour chacune des initiales de LGBTQI. Insulter celles qui opinent différemment. Saboter leur travail et leurs manifs. Ça porte un nom : le fascisme en action. Le 8 mars 2021, Journée internationale des droits des femmes, date symbolique s'il en est, la manif féministe à laquelle participent des militantes survivantes de la prostitution s'arrête place de la République à Paris. Elle est prise à partie par des énergumènes qui leur balancent des œufs, les traitent de fachos et balancent la dernière-née des insultes : SWERF ! Ça veut dire *Sex Workers Exclusionary Radical Feminists* : féministes radicales excluant le « travail du sexe ». Quand on se range du côté des proxos, qu'a-t-on encore de féministe ? Quand on traite des militantes de fachos en utilisant précisément des méthodes de fachos, qui sert-on au juste ? La réponse est contenue dans la question.

Le but de ces groupes de pression hyperactifs n'est pas de libérer qui que ce soit de quoi que ce soit, mais d'affaiblir les féministes en les harcelant. De s'approprier leurs luttes. Une armada de moustiques peut gâcher la vie de la plus fière des lionnes.

Alors ? On se laisse diviser ? Les féministes, les homos et les trans n'auraient pas d'intérêts communs ? Pas d'ennemis communs ? Les enjeux sont pourtant colossaux. Dans notre contexte de néolibéralisme patriarcal triomphant, le corps humain lui-même devient un produit, un gisement de matières premières : sang, ovules, tissus, cellules, organes… Sa transformation et son exploitation sont mises sur le marché et génèrent du profit. La bioéconomie a déjà fait de la procréation une industrie qui vient se greffer sur le business largement florissant de la pornographie et de la prostitution. Big Pharma se frotte les mains. Le business de la transition mobilise aujourd'hui l'industrie pharmaceutique pour les traitements hormonaux, les cliniques de chirurgie pour des opérations complexes et de longues rééducations. Tout ça rapporte une pluie de pognon. À qui ?

L'infime minorité humaine concernée par la question doit pouvoir choisir ce qui lui convient. C'est une évidence. Mais avant de toucher à l'intégrité physique de quiconque, on pourrait aussi envisager la situation sous un autre angle. Créer les conditions d'une vraie liberté.

Pour les garçons, la virilité et ses diktats est un piège. On pense aux gardiens de prison par rapport aux délinquants. Les uns sont du bon côté, les autres du mauvais, mais globalement ils sont tous en taule… Dans ce contexte, transitionner, c'est changer un carcan pour un autre.

Tous les enfants ont un immense potentiel jusqu'à ce qu'on commence à leur grignoter les ailes à coups de stéréotypes de genre, de programmes scolaires, d'examens, de compétitions. En fonction de la physionomie de son entrejambe, on pose chaque bébé à la naissance sur l'étagère supérieure ou inférieure du patriarcat.

La hiérarchie des sexes exige les stéréotypes de genre, plus aliénants pour les dominées, mais qui n'épargnent pas les dominants.

Et si on leur foutait la paix, aux gosses ? Si on les laissait libres ? De s'habiller, de jouer, de s'exprimer et aussi de se faire appeler autrement ? Si on leur laissait la bride sur le cou ? Si on cessait d'assigner au masculin et au féminin ce qui n'a nul besoin de l'être ? Si on mettait tout en commun ? En vrac, en libre-service ? Porter un tutu rose, manipuler des petites voitures, jouer au rugby, se vernir les ongles. Toutes les options ouvertes pour tout le monde. Prendre les enfants comme ils sont. Virer les appellations, les labels, les étiquettes. Valoriser la singularité de chaque personne. Sa valeur intrinsèque. Aucune anatomie n'est inacceptable. Aucun physique n'est incongru. Aucune fantaisie ne doit être censurée. Libérons les enfants.

Maternitude

Émission littéraire à la télé, il y a quelques mois. À l'écran, l'animateur s'étonne de l'absence totale de la problématique de la grossesse dans la philosophie occidentale. Pourquoi cette absence ? Mystère mystérieux ! Je dirais même énigme énigmatique ! L'invitée, une philosophe très médiatisée, répond qu'elle ne sait pas expliquer cette étrange lacune. Vraiment ? Elle ne sait pas ? L'invisibilité du patriarcat n'est pas un mythe. Le mot ne lui passe pas par la tête. C'est ballot. Si on avait pour habitude d'utiliser ce filtre premier, la réponse se ferait évidente : la philo occidentale est l'œuvre de gens qui n'accouchent pas et ne considèrent comme digne d'étude et de réflexion que ce qui les concerne. À leurs yeux, la maternité est une question triviale. Et la grossesse une basse contingence de la féminitude. Mépris, ignorance. Comme d'hab.

Si les hommes accouchaient, on ne compterait plus les chansons de geste, les épopées, les légendes qui loueraient leur courage, leur endurance, leur grandeur, leur connexion au divin. Leur accès à la création ultime…

Jamais les femmes ne risquent autant leur vie que quand elles la donnent. Mettre un enfant au monde, c'est jouer sa peau. Les philosophes s'en foutent.

La mortalité maternelle, à savoir la mort de la mère dans les quarante jours après l'accouchement, décimait (au sens propre, elle en tuait une sur dix) les mères jusqu'au début du XXe siècle. Et si elle est devenue rare dans les pays riches, elle frappe encore lourdement dans les pays pauvres. Elle tue aujourd'hui quatre-vingt femmes par an en France.

Les femmes redoutaient l'accouchement, et ce n'était pas pour rien. Aujourd'hui, sans aller jusqu'à coûter la vie, il peut laisser des séquelles plus ou moins graves ou invalidantes.

Donner le jour, mettre au monde, ces expressions sont si familières qu'on n'en perçoit pas la vertigineuse signification. Donner le jour : arracher au néant, aux ténèbres, amener à la lumière, à l'existence. Mettre au monde : offrir à un nouvel être l'aventure humaine, lui permettre d'en être. Ça a beau être la banalité même, ça a beau être à la portée des princesses comme des gueuses, des esprits étincelants aux simplettes, c'est au-dessus de tout. Imbattable. Aucun autre acte humain ne saurait lui être comparé. Là où il n'y avait personne, il y a désormais quelqu'un, résultat de neuf mois de patience, d'hospitalité ultime, de l'activité incessante de chaque cellule, chaque émotion, chaque sensation du corps maternel. Est-ce la conscience de ce miracle qui fait monter les larmes aux yeux quand on est témoin de l'apparition d'un bébé ? Un miracle banal, un miracle quand même.

C'est aussi de la souffrance. Le corps marqué, l'esprit tatoué. Une performance physique extraordinaire au sens premier du terme. Plus les femmes ont un niveau d'instruction élevé, plus elles savent ce qui se passe en elles, plus elles le désirent, plus elles contrôlent et valorisent l'expérience. Et moins elles souffrent. Mais ça, on n'en tient compte que depuis très peu de temps. Et pas partout.

On prouve aujourd'hui une infinité de choses que les femmes, pour les avoir vécues, ont toujours su. Qu'elles communiquent avec leur enfant in utero. Qu'elles ne se séparent psychiquement de lui qu'à partir de quatre mois après l'accouchement, auparavant mère et enfant ne font qu'un. Que le ressenti de la mère joue un rôle majeur dans le développement du fœtus. Qu'il y a autant de façons d'être enceinte et d'accoucher qu'il y a de femmes. Que s'y mêlent la douleur et le sang, la peur et l'espoir, l'exaltation et l'épuisement, la projection du futur et la résonance du passé, l'énergie des centaines de générations d'aïeules qui connurent ce même effroi et ce déluge d'émotions extrêmes, déflagration d'un amour spécifique, inconditionnel, sauvage, qui durera jusqu'à la mort.

Parfois ça ne fonctionne pas. Il arrive que des mères n'aiment pas leur enfant, ne s'y attachent pas, pour des milliers de raisons qui commencent seulement à être explorées depuis que les femmes ont voix au chapitre et peuvent orienter la recherche sur les multiples mécanismes qui se déclenchent lors d'une grossesse. Désir d'enfant et désir de grossesse sont-ils exactement superposables ou peuvent-ils se décaler ? Quel est l'impact des violences subies dans l'enfance, dont on commence seulement à évaluer la fréquence et les ravages sur la vie adulte ? Quel rôle joue l'inconscient dans la fécondité, dans la capacité d'aimer, dans le désir d'enfant ? Quel rôle jouent la peur, la culpabilité ? La maternité reste un mystère. Transcendant, animal, complexe, essentiel, vital.

La maternité ne devient désirable que quand elle se dissocie de la contrainte. Qu'on a le choix. Qu'elle incarne un acte libre. Quand le simple fait de contrôler nos vies constitue une révolution, ça veut dire qu'avant, on était bien dans la merde.

La maternité, c'est l'histoire d'une dépossession. D'un hold-up. Puis d'une lente reconquête.

Ma mère me racontait. Quand elle avait accouché de ma sœur, sa voisine de chambre à la clinique, qui venait de mettre au monde son petit sixième, avait demandé au médecin, en sanglotant, de faire quelque chose, la ligaturer, quelque chose, elle ne savait pas quoi, quelque chose parce qu'elle n'en pouvait plus, qu'elle était à bout, qu'elle n'avait ni la force ni les moyens d'élever une famille aussi nombreuse, qu'elle était désespérée, s'il vous plaît docteur, s'il vous plaît, je vous en supplie. Le médecin avait souri : « Madame, mettez votre mari au grenier. » C'est qu'il avait de l'esprit, le bougre. Ma mère en était encore horrifiée des années plus tard. C'était avant. Avant 1967. Quand la contraception était illégale. Ainsi en avaient décidé des hommes.

En régime patriarcal, la paternité est une obsession pathologique. On invente la notion d'« enfant légitime » comme si un être humain pouvait ne pas être légitime. Tordu, hein ? Pauvres bâtardes, pauvres bâtards, le mot est devenu une insulte, ça donne une idée du sort qui était le leur.

« Légitime » signe la certitude du père que le spermatozoïde fécondant vient bien de sa sainte couille. Pour ça, il faut contrôler les femmes. Les surveiller, les enfermer. En permanence. Savoir où elles sont, et avec qui. Ça ne suffit pas toujours. Elles parviennent à tomber enceintes de celui-là même chargé de leur détention. Un frère, un cousin, un tonton, un papa, un ami de papa… Si, si, ça arrive, elles sont tellement rouées, tellement perverses, dès le plus jeune âge !

Il faut donc s'assurer de leur « virginité » jusqu'au mariage. Mais comment on le sait, si une fille est vierge ? Elle, elle le sait. Mais sa parole compte pour du beurre. Alors on fait autrement. La nature dans son infinie sagesse a prévu d'oblitérer l'accès de la future usine à Schtroumpfs des petites filles par une membrane destinée à la protéger. Et censée disparaître au premier rapport. Il a beau avoir été démontré que l'hymen ne prouve rien – certaines en étant dépourvues et d'autres l'ayant gardé après avoir hébergé un scoubidou dans leur boutonnière enchantée –, on invente un test. Pour être bien sûr. Ça serait trop grave.

Dans les faits, bien des filles contraintes par cette exigence d'hymen sous scellés pratiquent allègrement fellation et sodomie. Elles restent ainsi plus vierges que celles qui auront mis un tampon super-plus. La tradition ne s'embarrasse pas de finasseries. Qu'à cela ne tienne, on vérifie, position gynéco, observage, scrutage, farfouillage, constatage, certificage! On va se gêner! À noter que la princesse Diana fut soumise à un tel test avant d'épouser son prince. Pas la préhistoire, nous sommes en 1981. On sait qu'il est des pays où cette humiliation se pratique encore largement. Même ici, en France. Pas chez les plus éclairés, faut reconnaître…

La vérification de l'hymen est basée sur une telle ignorance que ça ferait rire si ça n'était pas aussi lourd de conséquences pour les malheureuses qui ne rentrent pas dans le schéma. Les voilà déshonorées. Impossibles à marier, ipso facto. Mais le patriarcat n'aime pas gaspiller, il recycle. Les recalées de la membrane, qui ne pouvaient plus prétendre à baiser avec un seul, devenaient baisables par tous les autres. Finissaient au bordel. Pute devient une insulte. Et les putes font des bâtards, ça tourne bien rond…

La virginité jusqu'au mariage, c'est la certitude d'avoir une vie sexuelle toute pourrie. Un seul partenaire pour la vie, sans expérience préalable, sans s'éduquer au plaisir, sans savoir ce qu'on aime, sans essayer, sans savoir si on est compatibles, c'est comme se mettre au volant d'une formule 1 sans avoir pris la moindre leçon de conduite. Sûre de finir dans le décor. Une femme honnête n'a pas de plaisir, disait la chanson.

À noter que les hommes, eux, préfèrent multiplier les expériences, c'est marrant, hein, les raisonnements binaires ? Ils savourent l'œuf et nous laissent nous régaler de la coquille. Ajoutez l'interdiction de la contraception et la criminalisation de l'avortement, et vous aurez une idée des torrents de plaisirs qui submergeaient la vie sexuelle de nos mères, grands-mères, arrière-grands-mères, archi-grands-mères, rata-grands-mères, une éternité de frigidité…

La jeune épouse, bouclée sans remise de peine (il a fallu batailler même pour le divorce…), est privée de tout pouvoir, privée d'argent, privée de contraception. Privée de toute autonomie. Elle se trouve en régime de fécondité naturelle, à la Cro-Magnon, avec son chef de famille, alias son mari, qui baise quand il en a envie, qu'elle le veuille ou pas. Dans la loi, la notion de chef de famille a disparu du Code civil en 1970 (merci les féministes). Le concept de viol conjugal n'apparaît qu'en 1992. Ajoutons que l'avortement est resté illégal jusqu'en 1975, et que, pratiqué clandestinement, il multiplie le risque mortel. L'immense majorité des femmes a avorté au moins une fois. Mais, à ce jour, ce sont des hommes qui décident, partout sur la planète, du droit à la contraception et à l'avortement.

Se libérer d'un tel carcan, décider nous-mêmes, pour nous-mêmes, de quand et avec qui mener à bien grossesse, accouchement, allaitement et éducation d'un enfant, telle est la flamboyante victoire des femmes de la seconde moitié du xxe siècle. Insoumises et combatives, rebelles, indomptables, acharnées, courageuses, opiniâtres. Nous. Je suis tellement fière d'en être. Et tellement fière des petites sœurs qui suivent.

Extrêmement récente, la victoire. Si fragile encore. Historiquement, un battement de cils…

C'est encore trop, faut croire. Le patriarcat, quand on le fout à la porte, il rentre par la fenêtre. Son aptitude à retomber sur ses pattes pour nous tendre un piège est sidérant de virtuosité. Leur statut de mère n'avait jamais été contesté aux femmes. Jamais. Pas la peine. Élever une marmaille pléthorique, ça les occupait à temps complet, elles ne risquaient pas de la ramener. Le patriarcat a toujours chanté les louanges de la maternité, me direz-vous. Et c'est vrai. À une condition : que les mères ne fassent que ça. Mère, un monodestin. Pas d'alternative, pas de carrefour, pas de demi-tour, pas d'issue. La religion catholique a même créé Marie, mère et vierge, une synthèse. Faut-il nous détester, quand même… Et détester le plaisir.

On vient de là. C'est notre histoire, à toutes et à tous. L'histoire d'une saloperie de dictature.

Depuis plusieurs décennies, depuis Louise Brown et la brebis Dolly, on sait tripatouiller les ovules, les spermatozoïdes, le génome, l'ADN, on sait manipuler, trier, jongler, injecter. On découvre des thérapies, des recettes contre la stérilité, des préventions de maladies génétiques, c'est formidable, c'est moderne. On sait élaborer un embryon, le congeler, le conserver, le sélectionner, le transporter, l'implanter. Dans l'utérus de la mère ou celui d'une autre femme. Et peut-être, un jour, mener une grossesse à terme hors utérus ? Se passer des femmes ! Fantasme des Frankenstein d'une culture qui a toujours adoré les effacer (enfin, pensent-ils si fort qu'on les entend). Un monde parfait pour encroûtés de la misogynie.

On n'en est pas là. Pas encore. Mais on a franchi une limite inimaginable. Du jamais vu, même pour les cultures les plus féroces. On nous avait incarcérées dans notre utérus. Mais on ne s'en était jamais fait virer. Il est des nations tout ce qu'il y a de « démocratiques » où on a réussi à légitimer le fait de séparer à la naissance un bébé de la femme qui l'a mis au monde. De couper tout lien entre mère et enfant. Ça s'appelle GPA. Gestation pour autrui.

On pense à Margaret Atwood, autrice de *The Handmaid's Tale*, qui explique qu'aucun élément de son roman n'est inventé : elle ne s'est basée que sur des faits advenus au cours de l'Histoire, qu'elle a juxtaposés pour construire ses personnages de femmes contraintes à porter les enfants des maîtres. Visionnaire.

Il existe des cultures, par exemple en Polynésie, où la tradition veut qu'un enfant puisse être donné, ou partagé. Mais il s'agit là de rapprochement entre familles ou couples, il s'agit d'un lien supplémentaire. Pas d'une rupture. Le gosse sait qui est sa mère.

Dans le cas d'un accouchement sous X, prévu pour lutter contre l'infanticide, c'est la mère qui décide. Et cette loi est indissociable du contexte de l'époque où une grossesse hors mariage condamnait à la mort sociale.

Le concept de GPA ne peut être pensé qu'à la confluence entre patriarcat, néolibéralisme et technologie.

Le patriarcat, en ce qu'il réduit la maternité à la grossesse et la grossesse à une simple contingence, intégralement sous contrôle.

Le néolibéralisme, en ce qu'il la réduit à une transaction commerciale. Tout est marché. Tout est monnayable. Affaire d'argent. De business. De marketing.

Enfin, la technologie élaborée par des chercheurs dont les schémas mentaux sont imbibés de machisme plus ou moins conscient. Dans ce domaine, la contestation de l'hégémonie masculine en est à ses balbutiements et n'a pas eu le temps de produire ses effets.

La GPA est un cas d'école. Un pur produit de l'idéologie dominante. Une vision de la grossesse par ceux qui ne la vivent pas, réduite à ses aspects mécaniques par un androcentrisme qui réduit l'utérus à une enveloppe et la mère au support temporaire d'un mécanisme qui la dépasse. Rappelons que le féminin a été tenu si longtemps pour quantité négligeable que le clitoris n'est apparu que très récemment dans les planches anatomiques des étudiants en médecine. Ça donne une idée de la cécité ambiante. Une telle invisibilité des femmes n'a pas permis de penser la complexité de l'enfantement.

Or, ni le désespoir compréhensible des couples stériles ni le rêve tout aussi compréhensible d'une famille à soi ne justifient pareille instrumentalisation.

« Mère porteuse ». On garde « mère ». On ajoute « porteuse ». Sherpa de soi-même? Simple relais. Avant la conception, elle signe un contrat par lequel elle s'engage à renoncer à tous ses droits sur l'enfant, les délègue au couple qui a payé. Mettre un enfant au monde est devenu une prestation de service. Bye bye, bébé, je vais essayer de t'oublier… On va encore évoquer le consentement, comme chaque fois que l'idéologie patriarcale se permet de violenter une femme.

Dans le néolibéralisme expansif qui englue petit à petit, comme une coulée de lave, les valeurs les plus intouchables, une frontière a reculé. Celle qui marquait la différence entre l'achetable et l'inaliénable. L'extraordinaire relation nouée entre la mère et l'enfant avant la naissance est interrompue par l'achat de l'enfant. L'achat.

C'est clairement de la maltraitance. Délibérée, préméditée, organisée. Et rentable. Très rentable. Trop rentable pour qu'on tienne compte de celles qui trinquent. Citons Pierre Bergé: « Louer son ventre pour faire un enfant ou louer ses bras pour travailler en usine, quelle différence? » Royal dédain du vieux milliardaire qui se sait à l'abri de l'un et de l'autre. Le SMIC et l'utérus, pour lui, c'était terra incognita.

La pauvreté des femmes, systémique, a une fonction. Sans elle, la GPA telle qu'elle fonctionne aux USA n'aurait aucune chance.

Au long de l'Histoire, des millions d'enfants ont été, et sont encore, séparés de leur mère à la naissance, par la mort de celle-ci. Ils ont survécu. Mais peut-on comparer un tragique accident de la vie et un contrat commercial ? Une telle monstruosité passerait comme une lettre à la poste au prétexte que des femmes l'acceptent « par choix » ?

Dans notre monde globalisé, quelle est l'alternative ? Va-t-on vers plus de légalisation là où c'est interdit ou plus d'interdictions là où c'est légal ? À votre avis ? Entre un florissant business qui sert des riches (hommes ou femmes) et des femmes à qui la pauvreté enjoint de franchir les limites du tolérable, de quel côté penchera la loi ?

En France, c'est illégal. Pour combien de temps ? Quand on a de l'argent, beaucoup d'argent, il suffit de se rendre dans un pays qui l'autorise. On contrevient à la loi, délibérément. Et impunément. Peu à peu, par étapes, on est en train de nous la vendre, l'idée. De la glamouriser. De la légitimer.

Dans la presse people, d'attendrissantes photos de bambins dans les bras de célébrités adulées viennent apporter de l'eau au moulin de la GPA, vantée comme recette d'un bonheur immaculé. Je lis une interview d'un de ces pères de la jet-set qui ont la fortune nécessaire pour accéder aux cliniques de Las Vegas spécialisées en enfants sur mesure. Il dit qu'on lui a conseillé d'avoir recours à deux femmes, une donneuse et une porteuse, afin d'« éviter l'attachement ». Éviter l'attachement. Sic. Langage d'éleveur. Je me cantonne délibérément à la GPA style américain, moins atroce que les versions low cost de l'Europe de l'Est ou de l'Inde, où tout est pire. La GPA, dans le monde qui est le nôtre, dans l'équilibre des forces qui est le nôtre, ne peut être qu'une violence.

Les mères sont consentantes. Sans blague. J'ai déjà entendu ce mot quelque part. C'est le mot de tous les abus. Payer pour faire taire sa conscience. Payer pour s'arroger des droits. Payer pour profiter de la situation. Payer. Payer. Payer. Payer.

Le désir d'enfant est légitime. Mais la stérilité, dans un couple hétéro, ou l'impossibilité, dans un couple masculin, donne-t-elle le droit de faire taire les principes humanistes les plus élémentaires ? De décider que les désirs des un·es est prioritaire sur l'intégrité des autres ?

On voit venir gros comme une maison que le débat sur la GPA, en France, va consister à la mettre en parallèle avec la PMA. Sauf que non. Un couple de lesbiennes a besoin d'un simple spermatozoïde, que vous répandez en nombre de toutes façons, sans douleur et même avec plaisir. Un couple gay a besoin de disposer du corps d'une femme pendant neuf mois puis de la priver de l'enfant qu'elle a porté. Vous la voyez, la dissymétrie ? La nature vous a faits plus grands, plus costauds que nous. C'est injuste, mais c'est un fait. Et vous en profitez bien tous les jours de votre vie, je n'insiste pas. La nature nous a confié la fabrication des bébés. Vous mettez une cellule, on met toutes les autres. C'est injuste, mais c'est un fait. En termes de procréation, il n'y a pas et n'y aura pas d'égalité. Pas de symétrie hommes-femmes. C'est même curieux de se sentir tenue de le préciser.

Peut-on imaginer des formes acceptables de GPA ? Pourquoi pas ? Mais pas avant un état des lieux. Pas avant d'avoir mis à plat tout le bastringue patriarcal. Pas avant. Ou alors remballez tous les discours foireux sur les violences faites aux femmes. Parce que c'est tous les jours qu'on leur fait leur fête, aux femmes. À toutes, mères ou pas.

Avant de se pâmer sur la mignonitude des bébés de Kim Kardashian, Sarah Jessica Parker, Sharon Stone, Nicole Kidman, Elton John ou Ricky Martin, tous mis au monde par des inconnues peut-être ravies de partager un instant de la vie des superstars, penchons-nous sur notre situation, ici, en France, aujourd'hui. Comment sont traitées les mères dans notre pays ? Comment sont accueillies ces mères lambda qui chaque année donnent naissance à la bagatelle de sept cent cinquante mille bébés ? Sept cent cinquante mille accouchements, et autant de vies qui commencent, qui seront la France de demain. Rien que ça…

Des naissances, le pouvoir en veut. C'est bon pour le pays, c'est bon pour la croissance, ça crée de l'activité, des emplois, du dynamisme dans la pyramide des âges, tout ça tout ça. Et les mères ? Ils s'en foutent. Ils font des économies sur leur dos. Elles encaissent pour tellement de trucs, les gonzesses, un de plus un de moins…

En France, en 1975, il y avait mille trois cent soixante-neuf maternités. En 2019, il n'y en avait plus que quatre cent quatre-vingt-huit. Pourquoi ? Parce que des crânes d'œuf qui n'accouchent pas ont fixé un seuil de rentabilité pour ça aussi. Alors ils ferment les maternités jugées « non rentables » et demandent aux parturientes de se déplacer vers les établissements restants. Oui. Vous lisez bien. Moyenne du déplacement pour les femmes concernées : quarante-cinq kilomètres. Sur des petites routes, par définition.

En France, depuis vingt ans, le nombre d'obstétriciens a baissé de quarante pour cent. Leur formation dure douze ans. Le nombre de gynécologues médicaux a chuté de quarante-deux pour cent entre 2007 et 2017, suite à la décision des pouvoirs publics d'arrêter d'en former entre 1987 et 2003. Je me souviens des manifs de l'époque. On n'était pas nombreuses, mais si la France compte aujourd'hui deux mille quatre cent quarante-huit gynécos, c'est grâce à nous ! On est quand même loin du compte pour vingt-six millions de Françaises âgées de plus de seize ans. Pas la peine d'avoir fait maths sup : si chacune y va une fois par an pour le suivi, chaque gynéco doit recevoir plus de dix mille femmes. Une quarantaine par jour sans prendre de vacances et si chaque femme se contente bien d'une seule visite annuelle. Mouarf…

Les sages-femmes aussi sont à la peine. Sur Instagram, le 11 novembre dernier, l'une d'entre elles, Anna Roy, sous le hashtag #jesuismaltraitante, raconte la culpabilité qu'elle éprouve à ne pas pouvoir faire son travail correctement faute de personnel et de moyens. Quand on est seule à accompagner trois ou quatre femmes, on ne fait pas du bon travail. Et c'est elle qui se sent coupable pendant que les *cost killers* hospitaliers taillent allègrement dans les effectifs en se disant, comme tant de chefs d'entreprise, que les femmes coûtent cher avec leur manie d'accoucher à tort et à travers.

Elle tweete son expérience: « Dans les services de maternité, partout, l'exemple typique, c'est: "Je reviens dans deux minutes", et en fait je reviens trois heures après, si je reviens. Et des fois, c'est sur des choses importantes. » Elle ajoute: « On est la première arche par laquelle se transmet l'humanité », et rappelle que les femmes qui désirent accoucher sans péridurale ont « le droit d'avoir une sage-femme avec elles ». Pour elle, on est dans le non-respect de la dignité de la personne. « Il y a des choses très importantes qui doivent être sacralisées, il y a la pudeur, il y a la gentillesse, c'est des choses qui sont très importantes pour les gens quand ils viennent. » Ses messages deviennent viraux. Signe que ses sentiments sont partagés par de très nombreuses femmes dans le cadre de ce qui commence seulement à être nommé et dénoncé: les violences obstétricales.

Il va falloir passer à l'action, c'est urgent. Respecter la maternité. La valoriser pour ce qu'elle est: un apport vital à la société. Lui donner des moyens, des cliniques, des médecin·es, des sages-femmes, des congés, des salaires décents, des crèches gratuites, une synchronisation entre horaires et vacances des petits et de leurs parents. Bref, organiser enfin tout ce qui est réclamé depuis un demi-siècle et traité par-dessous la jambe par des pouvoirs publics qui n'en ont rien à foutre. Quand ces priorités seront effectives, on réfléchira à la procréation sur d'autres bases. À des solutions inédites. Pas avant.

Si on aimait vraiment les enfants pour ce qu'ils sont, on commencerait par se concentrer sur ceux qui sont déjà au monde, bien vivants et en grand besoin d'attention et d'amour. On s'en occuperait avant d'en fabriquer d'autres et d'en escamoter les mères. Un bébé est-il plus intéressant parce qu'il porte notre ADN ? Non. Les enfants ne sont à personne d'autre qu'à eux-mêmes. Tous les enfants sont les nôtres, et chaque enfant est le mien. Et tant qu'un enfant souffrira, même au bout de la terre, notre responsabilité d'adulte sera engagée. Chaque enfant a droit au maximum de ce qu'on peut lui apporter. Jouer un rôle dans leur accompagnement et leur éducation, les protéger de la violence et des agressions est une autre façon d'envisager la parentalité.

Élargir le cercle familial. Faire partie d'un immense corps de marraines et de parrains, qui assureraient librement une part de l'éducation, en fonction des désirs et compétences de chacun·e. Ça offrirait la possibilité de transmettre et celle d'alléger la tâche des parents bio, exténués, qui n'ont pas forcément, comme par magie, des talents pédagogiques.

Tout le monde, y compris celles et ceux que le sort, la nature ou la maladie rendent inaptes à la procréation, pourrait y trouver son compte. On parle beaucoup de l'enfant-roi, la plupart du temps pour en dénoncer les nuisances. On parle moins, ou mal, de l'enfance maltraitée. Qui se tait, qui souffre et qui meurt. C'est intolérable. Si l'aventure éducative devenait commune, ça serait tellement plus beau que de louer des utérus. Tellement.

À nous de choisir d'autres priorités. Hors patriarcat. Dans l'amour des enfants libres…

Putards

Courant octobre 2020. J'écoute la radio, France Inter, émission *La Bande originale.*

C'est le tour de Marina Rollman. Elle chronique avec drôlerie, elle a du talent. Elles sont désormais nombreuses, les filles, à se lancer dans l'humour.

L'humour! Dans ce domaine, comme partout, les pionnières ont abattu des murailles. Conquis de haute lutte des citadelles maladivement gardées. Une femme ne pouvait pas être drôle, c'était une affaire entendue. Jacqueline Maillan fut longtemps l'exception qui confirmait la règle. On disait qu'elle devait son succès au fait de n'être pas jolie, si, si, si! Je le sais parce que je m'en souviens: une femme était trop soucieuse de séduire pour être vraiment drôle, c'est ce que prétendaient les ramenards de l'époque. Petit à petit, à la faveur des années féministes, percent Sylvie Joly, les 3 Jeanne, Zouc… Ensuite, par vagues – attention, liste non exhaustive –, Muriel Robin, puis Valérie Lemercier, puis Florence Foresti. La France se gondole. Au fur et à mesure qu'elles sont reconnues dans leur art, elles deviennent jolies, tiens donc, à croire qu'avant, elles s'enlaidissaient délibérément pour asseoir leur crédibilité… Aujourd'hui, des bataillons de filles nous font tordre de rire. Jolies ou pas ? Le temps est enfin venu où on s'en fout. L'important, c'est qu'elles repoussent les limites de ce que les femmes peuvent dire en public. Blanche Gardin est clairement *no limit*. Une révolution a eu lieu. Les combats féministes des décennies antérieures ont changé la vie des gens. J'y ai pris ma part. Sentiment d'accomplissement.

Fugitif, le sentiment.

À la fin de la chronique, je ne peux que constater, une fois de plus, à quel point le féminisme manque de transmission des connaissances : absent des programmes scolaires, son histoire et ses conquêtes sont ignorées des plus jeunes. Entre le féminisme et le patriarcat, on en est clairement à David contre Goliath.

Ce jour-là, Marina Rollman parle du mot « pute », s'interroge sur le fait que ce soit une insulte. Bonne question. Elle embraye sur la prostitution et se lance dans une diatribe en faveur de ce qu'elle appelle le « travail du sexe ». Hyper-tendance de se la jouer progressiste et tolérante en volant au secours de… de quoi, au juste ? Ça ne loupe pas : elle confond les personnes prostituées et la prostitution elle-même. Ça me rappelle la blague belge, le roi des Belges déclare : « À partir de demain, nous déclarons la guerre à la pauvreté. » Le lendemain matin, les Belges descendent dans la rue et se mettent à assassiner les clochards. Sont bêtes, hein, les Belges ?

Ce jour-là, donc, à une heure de grande écoute, dans une émission populaire, le discours proxénète le plus cynique trouve une très guillerette porte-parole. Un haut-parleur. Il n'y manque pas un bouton de guêtre. Accueilli par les rires et l'approbation des autres participants.

La prostitution fascine. Tout le monde, même sans rien en savoir, a un avis sur la question. Parce que tout le monde a obscurément conscience que, sous son aspect faussement marginal, la question nous éclabousse tous et toutes. On ne prend pas pour autant la peine de vérifier ce qui se cache derrière les mots et les apparences.

On a très longtemps expliqué la prostitution par le caractère cupide des filles qui y « tombaient ». Filles perdues, ombres de la rue, fleurs du mal, pleines de vice, vénales et stupides, elles transmettaient des maladies astucieusement baptisées « maladies de Vénus » par la mâle écriture de l'Histoire.

On n'en est plus là. Le proxénétisme a réussi un coup de maître : recycler le champ lexical féministe, le retourner comme un gant. À son service. Telle la novlangue d'Orwell dans *1984* : « *War is peace, freedom is slavery, ignorance is strength*[*]. » Ou la devise nazie des camps : « *Arbeit macht frei*[**]. » Ou l'oxymore néolibéral : « Licencier pour embaucher. » Les slogans de la lutte pour la liberté de la contraception et de l'avortement sont désormais utilisés pour présenter la prostitution comme un acte de liberté individuelle, d'*empowerment*, et oui, carrément, de féminisme. La liberté d'exploiter autrui est maquillée en liberté de s'exploiter soi-même. Les femmes sont quand même bien libres de faire ce qu'elles veulent, merde alors ! « Mon corps m'appartient » ou « liberté de choisir », c'est bien les féministes qui disaient ça, non ?

Présenter la prostitution d'une personne comme un travail équivaut à présenter Trump comme un altruiste, Poutine comme un marrant ou Monsieur Propre comme

* La guerre, c'est la paix, la liberté, c'est l'esclavage, l'ignorance, c'est la force.
** Le travail rend libre.

un mannequin shampooing. Il faut mentir. Et y aller à la truelle.

Utiliser le mot « prostitution » en lieu et place de « proxénétisme », par exemple, est un vieux truc. Ça concentre l'attention sur elles seules. Et ça fait obligeamment l'impasse sur le reste. Le système proxénète a tout de la pieuvre. Il englobe les proxénètes, mais aussi l'État, Internet, les banques, les hôteliers, les photographes, etc. Le business est colossal. Les profits titanesques. Une mafia planétaire. Qui a largement les moyens, autant celle qui a pignon sur rue que celle qui pullule dans une relative clandestinité, de mettre au point une communication qui a l'efficacité d'un storytelling. Le genre de truc qui squatte les médias et donne envie d'y croire… Une fable pour lapin de six semaines, une manipulation qui ne s'embarrasse ni de logique ni de vraisemblance. À peu près aussi crédible qu'un épisode des *Anges de la téléréalité* présenté comme un documentaire sur la vie quotidienne des jeunes au XXIe siècle.

Marina Rollman assure que ça serait un job ni plus ni moins pénible qu'un autre pour peu qu'on puisse « gérer ses horaires, exercer sans contrainte, et avoir du temps pour ses proches ». S'il est mal considéré, c'est qu'il « questionne l'ordre sexuel établi » ! Lol. La prostitution subversive de l'ordre établi, c'est comme la reine d'Angleterre fustigeant la Couronne ou Pablo Escobar le trafic de drogue. Un contresens *king size*. La prostitution ne questionne pas l'ordre établi pour la bonne raison qu'elle en fait partie. Elle le fonde. Nuance. C'est une colonne du temple patriarcal.

Même avec la plus inoxydable des mauvaises fois, on ne peut pas ignorer la violence, les agressions, les coups, les meurtres quarante fois plus fréquents que sur les autres femmes. On dégaine une explication toute prête : « … Ce qui les met vraiment en danger, c'est qu'on les force à exercer dans un cadre répressif… » Si je comprends bien, sans cadre répressif, pas de danger ? Donc, là où le proxénétisme est en roue libre, parfaitement légal, avec bordels géants, vitrines, abonnements, services d'ordre, mise aux enchères de baiseuses performantes, en Allemagne, aux Pays-Bas, en Belgique, elles ne seraient pas en danger ? Foutaises.

Mais qui sont les vrais ennemis des personnes prostituées ? Qui empêche ce petit univers de fonctionner gentiment, comme n'importe quel autre job ? Je vous le donne en mille : « … Eh bah déjà [elle emploie le mot « déjà », mais ne citera personne d'autre] il y a des féministes anti-prostitution. Avec l'argument du viol tarifé, du fait que la prostitution continue les violences misogynes. Alors là déjà il y a négation dans les termes. Des féministes qui disent à d'autres femmes : "Non mais moi je sais mieux que toi pour toi ma cocotte", ça ressemble quand même un peu à du *mansplaining*, dis donc ! Les féministes qui nient la possibilité d'intégrer au mouvement les femmes trans, les femmes qui portent le voile et les prostituées, ce sont donc des meufs qui disent : "Soyez libres ! Faites comme moi !" »

C.Q.F.D. ! Les féministes abolitionnistes, voilà l'ennemi ! Ces « pleureuses » (sic) qui se permettent d'analyser, de penser, d'émettre une opinion, et estiment que la seule solution est l'abolition, donneraient dans la mexplication ! Et tant qu'on y est, pour parfaire le message, triple accusation de transphobie, d'islamophobie, de putophobie.

Les lobbies proxos ne s'y trompent pas, savent identifier l'ennemi. Oui, les seules qui s'attaquent à leur forteresse sont bien les féministes abolitionnistes, et c'est bien pour cette raison qu'elles sont copieusement insultées à longueur de cortège dans les manifs de ces faux syndicats qui ne défendent jamais que leurs intérêts à eux.

Dans ce brouhaha, où ni le proxénétisme ni le patriarcat ne sont nommés, quid du principal intéressé ? Qui n'apparaît qu'en silhouette floutée dans les reportages regorgeant de filles à poil ? Omniprésent, il est pourtant le grand absent. Il est celui qu'on ne voit pas, qu'on ne juge pas, sur qui on ne pose pas de questions. Il est dans son droit, celui que le patriarcat lui octroie depuis toujours. Il paye. C'est lui qui choisit, c'est lui qu'on sert, c'est lui qui se sert. Parce que tel est son bon plaisir, parce que tel est son bon pognon. Aucun mot hostile ne vient grignoter sa légitimité ou son estime de lui-même. On l'appelle le client. Client, comme quand on achète une paire de chaussures ou un paquet de coquillettes.

En espagnol, on dit *putero*. Ça permet de savoir exactement de qui et de quoi on parle. Et c'est péjoratif. En français, on peut traduire par « putard ». Ça rime avec couard, connard et salopard. Le putard peut tout se permettre, tout exiger. Il peut être violent, il sait qu'il restera impuni. Ce qu'il cherche, ce qui l'excite, c'est un moment de domination. En France, une loi timide, qui a le mérite d'exister mais aucun moyen d'être efficace, commence seulement à retourner l'opprobre contre lui.

Vous, les hommes, qui bénéficiez de ce droit ancestral à disposer d'autrui, que vous en usiez ou pas, vous êtes-vous déjà mis à la place d'une pute ? Que se passe-t-il exactement au moment de l'échange marchand ?

Qu'est-ce qui se joue, entre l'argent de quelqu'un et l'accès aux orifices de quelqu'un d'autre ? Accueillir une pénétration sans ressentir le moindre désir. C'est abstrait ? Rappelez-vous que vous aussi présentez des orifices adéquats.

Baladez-vous dans la rue et regardez les passants, tous, sans critère d'aucune sorte. Ni esthétique, ni d'âge, ni d'allure. Et dites-vous que votre rôle est d'ouvrir la bouche à son pénis ou de lui tendre votre croupe. Vous pouvez aussi regarder les passantes, et vous faire le même film, un peu d'imagination suffit. N'importe quelle femme. Si elle paye, elle a le droit de vous demander ce qu'elle veut. Vous n'avez pas envie, zéro désir ? Votre libido perso est hors de propos.

Mais dans ce cas, comment bander ? Allez, encore un petit effort d'imagination : cette langue qui est la vôtre, ces mains peuvent servir ! Léchez, sucez, branlez, caressez, ces épidermes étrangers, ces muqueuses inconnues, cette intimité nouvelle, effluves compris. Débrouillez-vous ! Faites semblant d'aimer ça, c'est prévu dans le deal ! Et avec le sourire, hein, l'argent a toujours raison !

Ça vous dégoûte ? C'est le métier qui rentre ! Un boulot comme un autre !

En tant que femme, on n'a pas forcément conscience de l'extrême facilité pour votre sexe d'avoir accès au nôtre. Le marché aux femmes, le supermarché du cul, du bordel à Internet, est ouvert vingt-quatre heures sur vingt-quatre. Mise à disposition permanente. On le sait, mais ça reste dans une sorte d'arrière-plan virtuel. J'étais à un salon du livre et, dans la conversation, un éditeur me dit : « Tu sais, même dans le coin le plus paumé, tu tapes le nom du bled suivi d'*escort*, et tu as une nana dans ta piaule dans l'heure qui suit. » Où qu'il soit, à toute heure, un homme peut trouver une femme qui, contre un peu d'argent, lui permettra de répandre son sperme dans son corps. Comme ça, de but en blanc. « Je ne te connais pas, mais depuis des siècles, ceux de mon groupe peuvent disposer de celles du tien. Allonge-toi, écarte les jambes. Agenouille-toi, suce-moi. » Je n'avais pas pensé dans sa crudité à cette distance particulière entre cet homme et moi. Lui, il avait hérité de ce pouvoir-là, qu'il en usât ou pas. Moi, j'étais frappée par l'évidence : nous sommes un sexe à disposition de l'autre. Ce soir-là, au bar de l'hôtel, entre amis et collègues, j'y songeais en regardant autour de moi, mon verre à la main. Combien étaient-ils, cette nuit-là, à s'être connectés et réapparaîtraient mine de rien le matin suivant au petit déj, sans traces ni conséquences ? Nous ignorons ce que cachent les hommes qu'on côtoie, amis ou ennemis, adversaires ou complices, proches ou lointains. C'est un secret bien gardé. Pour l'éventuel jouisseur, le raisonnement tenu par Marina Rollman est infiniment plus confortable que d'aller fourrer son nez dans des trucs qui puent.

Le stock illimité de blagues de putes dont disposent les humoristes franchouillards fait partie de l'arsenal de déculpabilisation masculine. Plus on rit, moins c'est grave, pas vrai ?

Il est des sujets dont je n'arrive pas à rire. Celui de cette chronique me rend malade. Je perçois la prostitution comme, j'imagine, un Noir perçoit une plantation de coton au temps de l'esclavage. Sentiment poisseux, étouffant, de dégoût et d'impuissance. De révolte et d'amertume. La différence, c'est que même si le racisme est encore vivace, ces plantations sont un souvenir. Épouvantable, mais révolu. Alors que la prostitution est une réalité. Ici et partout ailleurs. Le lobby proxénète, surpuissant, richissime, a les coudées franches.

En tant que femme semblable à toutes les autres, à celles qu'on marchande, qu'on exhibe, qu'on photographie sous tous les angles, qu'on traite comme une propriété, ça me concerne. Tant qu'une seule femme sera prostituée, nous resterons toutes symboliquement des produits de consommation. Nous faire gober l'idée d'une prostitution heureuse, épanouie, est une insulte à notre intelligence. Il nous faudrait accepter de sacrifier certaines d'entre nous, moins chanceuses, pour que les bites en folie trouvent un exutoire ? Le proxénétisme ne s'aménage pas, ne se négocie pas. Il n'est acceptable en rien.

Vous aussi, les mecs, ça vous concerne. Vous êtes en première ligne. Vous n'êtes pas tous des putards. Mais de la même manière que chaque femme prostituée est une partie de moi, chaque putard est une partie de vous. Ça devrait suffire à vous donner envie d'en finir avec cet échange qui n'en est pas un. Qui est une violence. Qui est un viol.

Invisibles

Dans notre monde patriarcal, femmes et hommes vivons dans deux sphères différentes. Ainsi, la démocratie, la guerre, la paix, la dictature, la sécurité, la religion, la loi, la liberté, la famille, la rue, le sport, l'argent et tout le reste représentent des réalités complètement différentes pour nous et pour vous. Des exemples ?

Démocratie. On en a plein la bouche, de la « démocratie », ce système admirable qui a gagné la partie depuis la chute du mur de Berlin. Loin de moi l'idée de faire la promo des dictatures staliniennes, l'excellent film *La Vie des autres* nous a fait frémir avec ses écoutes paranoïaques des citoyens soupçonnés de se servir de leur tête pour penser. Mais je pense aux Allemandes de l'Est. À ce qui leur est arrivé. Avant, en RDA, comme leurs hommes, elles étaient privées de vie démocratique : pas d'élections, pas de liberté de circulation, pas de représentation politique, pas voix au chapitre. Contrairement à leurs sœurs de RFA, leur taux d'emploi et l'autonomie qui va avec étaient très élevés. Et facilités par des services publics gratuits ou presque : garde d'enfants, éducation, santé, sport, culture. Pour elles, l'arrivée du système libéral a induit une chute drastique du nombre d'emplois, la prolifération des jobs à temps partiel et mini-salaires, la disparition des crèches. Certes, elles votent. Pour rien, tant elles sont sous-représentées. Elles ont le droit de voyager mais pas l'argent pour le faire. Elles ont accès à des boutiques débordant de merveilles qu'elles n'ont pas les moyens d'acheter. Le mur a chuté. Sur elles. Elles sont les plus grandes perdantes.

Guerre. Inventées, fomentées, menées par les hommes sans que les femmes aient jamais leur mot à dire. Les hommes décident seuls. Faut qu'ils se battent, qu'ils se foutent sur la gueule, qu'ils saccagent. Leur ego d'abord. Leur délire de puissance et de contrôle d'abord. Mais pour les dégâts, les femmes sont aux premières loges. Regardez les images de villes bombardées : plus de rues, plus d'électricité, plus d'eau. Plus rien. Détruire ce qui a pris des années à être construit, ça va vite. Chaque jour, les femmes continueront, en piétinant dans les gravats et la poussière, à mettre à manger sur la table, à trouver où coucher les enfants, à assurer la survie. Les victimes civiles sont désormais les plus nombreuses. Je me souviens qu'une Allemande ayant survécu à la défaite des nazis déclara que, pour les femmes, la différence entre la guerre et la paix, c'est que les violeurs n'étaient pas habillés pareil. Pour les femmes, la paix, ça n'existe pas. La guerre menée contre elles est permanente. Et universelle. La violence qui se déchaîne contre elles ne connaît ni trêves, ni convention de Genève, ni désarmement.

État-providence. Les idéologues qui briquent leurs élucubrations à la testostérone rêvent de l'abattre. Pour en dénoncer les supposés excès, on parle aussi d'État-nounou. De Big Mother. Dans leur obscure conscience des enjeux, ses pourfendeurs en féminisent l'appellation. Car ce qu'on appelle État-providence n'a rien d'un cadeau tombé du ciel. Il ne fait que prendre en charge collectivement une partie des tâches que le patriarcat affecte traditionnellement aux femmes sans les rétribuer. Ce qu'on nomme le *care*, qu'on pourrait traduire par « le soin » mais ça fait moins savant, échoit aux femmes : soin des enfants, des malades, des vieux, entretien quotidien de la sphère domestique. Le néolibéralisme n'est pas qu'économique, il est aussi très masculin. Encore une alliance du patriarcat et du capitalisme. Financer ce qui est resté gratuit pendant des siècles, ils ne voient pas l'intérêt. Or les femmes ne sont pas une variable d'ajustement. Elles ne sont pas une minorité. Ce qui les concerne n'est pas un détail. C'est la réalité tout entière vue sous un autre angle.

Religion. À vot' bon cœur ! Dire qu'hommes et femmes n'y sont pas logés à la même enseigne est tellement en dessous de la réalité que je n'ai même pas envie de commenter. Ça ne le mérite pas. Je jette. En bloc. Je ne suis adepte que de Raoul, le personnage d'Audiard : « Moi, quand on m'en fait trop, j'correctionne plus, j'dynamite, j'disperse, j'ventile… » Les religions, toutes autant qu'elles sont, nous en ont trop fait, depuis trop longtemps. Et ça ne s'arrange pas, au contraire. Ventilons, donc… Pas le moment de se lancer dans les grandes réflexions dont on ne sort que surchauffée du caberlot et ankylosée des arpions. Genre pertinence d'une vierge qui accouche, compatibilité entre voile et féminisme, ou droit des femmes à s'attifer façon archevêque. Dispersons. Dynamitons. Tamponnons-nous-en le coquillard avec un tibia de langouste. Qu'est-ce que vous croyez, les bigots, les dévots, les cagots ? Qu'on va vous courir après ? Vous supplier de nous respecter ? Mais allez bien tous vous faire cuire le cul, les curés, les rabbins, les imams, prédicateurs en folie et autres professionnels de la prosternation ! Vous nous méprisez, nous considérez comme indignes des fonctions que vous prétendez avoir hérité de Dieu en direct ? Grand bien vous fasse. Macérez dans votre encens et vos litanies. Nous les pécheresses, les impures, les coupables, on passe à autre chose ! On va courir dehors, au soleil, la peau à l'air, les cheveux au vent, le cœur en fête ! Adorer les seules déesses qui le méritent : la vie, la liberté et l'insolence. Dieu est des vôtres ? Vous pouvez vous le garder.

Ce ne sont que quelques exemples. On pourrait dérouler à l'infini, dans tous les domaines. Le patriarcat considère comme universel ce qui nous laisse dans l'ombre. Neutre ce qui vous valorise. Objectif ce qui est de parti pris. Il vous persuade que NOUS avons un problème, ce qui est indéniable, mais vous fait oublier que le problème, c'est VOUS.

Aucune analyse, à aucun niveau, n'a de sens si elle ne tient pas compte de cette donnée : nous vivons dans une société patriarcale. Des dizaines d'experts autoproclamés, surmédiatisés, publient à longueur d'année des essais politiques, économiques, sociologiques et autres rimes en -ique, en faisant l'impasse sur le patriarcat. Angle mort. En toute tranquillité. C'est comme parler du pain sans parler de la farine. La totalité de leur production mérite un toboggan direct vers la corbeille à papier.

Le patriarcat n'est pas une juxtaposition de compartiments étanches, mais un ensemble de mécanismes où tout se tient, s'interconnecte et se renforce. Les violences sont beaucoup plus fréquentes et intenses qu'on le croit. En prendre conscience, c'est comme monter dans l'ascenseur de la tour Eiffel et découvrir la complexité et l'étendue de Paris, dont on n'a pas idée tant qu'on a les pieds sur le macadam.

Les médias ont récemment mis un coup de projecteur sur la violence sexuelle dans la famille, terrain privé par excellence. Domaine de l'intime. Ô combien politique.

Un·e Français·e sur dix est victime d'inceste dans son enfance, soit six millions sept cent mille personnes. Une fille sur cinq, un garçon sur treize.

Quatre-vingt-seize pour cent des incestes sont commis par des hommes.

Courant septembre 2020, on peut lire sur le site du journal *Le Monde* : « Quatre-vingt-neuf pour cent des mineures prostituées ont connu des violences sexuelles par le passé. »

Le viol est l'école de la prostitution.

« Dans le lot, nombre d'entre elles ont aussi été témoins de violences conjugales. »

Dérangeant, cet usage du mot « lot », révélateur de la manière dont on peut à la fois établir un fait et trahir, par le choix du vocabulaire, le peu de cas qu'on en fait.

Pour qualifier la violence du patriarcat, l'expression « violence masculine » est impropre. Elle impliquerait que tout homme serait par nature, physiologiquement, violent envers les femmes, ce qui est faux. « Violence machiste » est plus précis. Désigne une violence systémique, politique, inculquée par l'éducation et la culture qui est la nôtre. Elle s'exerce sur les femmes, mais aussi sur les enfants, filles et garçons. Elle est massive, omniprésente, protéiforme. Et ses auteurs effacés.

Certains d'entre vous ne veulent pas se reconnaître dans les caricatures de masculinité. Assez solides pour regarder la réalité en face et agir en conséquence, assez sûrs d'eux pour s'affirmer féministes. Jackson Katz est l'un d'entre eux. Il est américain. Il présente la particularité de penser avec son cerveau et pas avec son chromosome Y. Dans une vidéo sur YouTube, Katz explique l'invisibilité des hommes par le langage, par le choix des mots et des tournures de phrase. Le crime n'a pas de coupable. Seulement une victime.

Démonstration en quatre étapes prestidigitatrices :

« Paul bat Julie. » Constat. Verbe actif. On sait qui fait quoi.

« Julie est battue par Paul. » Même sens apparent, mais passage à la forme passive.

Julie remplace Paul comme sujet du verbe. Et donc de l'action.

« Julie est battue. » Disparition de Paul. Julie est seule. L'attention se centre sur elle.

« Julie est une femme battue. » Julie est désormais réduite à son état de victime. Elle est battue, c'est son identité.

Quatre phrases se succèdent pour faire disparaître Paul. Et ainsi la question des hommes violents devient celle des femmes battues. L'attention médiatique se focalise sur elles, elles seules, dans d'innombrables articles et reportages répétant les mêmes questions, sans pour autant chercher à y répondre. Comment en est-elle arrivée là ? Pourquoi ne part-elle pas ? Pourquoi ne porte-t-elle pas plainte ? Il s'agit de rester dans l'éternel mystère féminin. Cette Julie est bizarre, quand même. Elle en prend plein la gueule et ne dit rien ? Elle a l'air d'accepter son sort. Mais peut-être aime-t-elle ça, allez savoir avec les femmes… C'est comme ça depuis que le monde est monde ! Elles doivent y trouver leur compte d'une manière ou d'une autre.

Et Paul ? Pourquoi la frappe-t-il ? Pourquoi recommence-t-il ? Pourquoi nie-t-il ? La question n'est pas posée.

On parle de « violences faites aux femmes ». Faites par qui ? Ce n'est pas précisé. On dit « les violences », on dit qu'elles sont « faites ». On dit que c'est « aux femmes » qu'elles sont faites. Ça s'arrête là. Le coupable est escamoté. On évalue le nombre des femmes frappées, ça permet d'avoir une idée du nombre d'hommes qui frappent, vu que de l'autre côté du gnon, il y a le poing. À qui le poing ? Le monde du silence, à côté, c'est un concert techno.

Comment les hommes se sentiraient-ils concernés quand un révisionnisme instantané réécrit l'histoire ? Ou, pire, la dissimule ?

On parle de violence domestique, conjugale, de drame de la séparation, de passion, etc. On éclaire le décor, l'arme, les circonstances, la victime. Chaque épisode est coupé de celui qui le précède et de celui qui le suit. Le machisme se dissout dans le fait divers. On s'étonne sempiternellement du côté banal, bon voisin, avenant, de celui qu'on se met dès lors à considérer comme un monstre. Ce qui fait système s'en trouve occulté. Alors que, oui, il est « normal ». Il applique une norme tacite, mais bien réelle.

MeToo ne révèle rien de nouveau sur le fond. Ce qui est nouveau, c'est la masse. On se scandalise, parfois à juste titre, de la violence des réseaux sociaux. En l'occurrence, sur ce sujet, ils se révèlent d'une utilité vitale. Sans eux, pas de MeToo. Sans MeToo, omerta sans fin.

Si une majorité de femmes a subi une agression, c'est qu'une majorité d'hommes a commis une agression. Même en tenant compte des agresseurs multiples, y a du monde au portillon. Et là on fait quoi ? On dit « elles mentent » ? « La justice tranchera » ? Mais quelle justice ? La justice telle qu'elle fonctionne aujourd'hui ? Celle qui envoie en prison un violeur sur cent ? Et qui, déduction arithmétique, laisse dans la nature quatre-vingt-dix-neuf violeurs, impunis et donc prêts à recommencer, le cœur léger ?

Le fait est si massif que tôt ou tard, si la parole persiste, si on ne la fait pas taire comme on l'a toujours fait, nous serons tous et toutes, un jour ou l'autre, confronté·es à l'inévitable. Nous côtoyons au quotidien, en toutes circonstances, des agresseurs protégés par l'épais silence que leur a tissé le patriarcat au fil des siècles. Et, irrémédiablement, une évidence s'imposera : nous connaissons intimement un agresseur. Un agresseur que nous aimons. À qui nous sommes attaché·es. Que nous avons l'envie spontanée de protéger. La plupart des violeurs font partie de l'environnement immédiat de la victime.

Que faire alors ? Le trahir ? Le dénoncer ? Fermer les yeux ? Le rejeter ? S'en faire complice ? Comment s'y prendre ? Que dire ? À qui ? Porter plainte ? Ne pas porter plainte ? Faire jeter quelqu'un qu'on aime en prison ? Briser l'équilibre de sa propre vie ? Ou bien laisser briser celle de la victime ? Sitôt les choses dites, un point de non-retour sera franchi. Les violeurs ordinaires ne correspondent en rien à l'image de loup-garou malade véhiculée par les infos, les séries ou les documentaires. C'est monsieur Tout-le-monde. On peut être amoureuse de lui, ou fière, c'est papa, ou frérot, ou fiston, ou bon pote. On fait quoi quand on apprend qu'il a violé ? La famille s'écroule. Avoir la force d'affronter cet écroulement, ou en rester pétrifiée ? La prison est-elle une solution dans tous les cas, ou faut-il activer d'autres ressorts, agir sur un autre registre ? Faire l'économie de ce débat, c'est renoncer à l'efficacité.

Nous entrons dans l'angle mort du droit. C'est toute la mécanique du silence qui doit être démantelée. Et qui ne le sera que dans la douleur. Et le soulagement. Immense chantier.

Accueillir la parole. Écouter et croire. Partager. Parler. Dénoncer. Première étape du processus. Sans une prise en charge collective, la souffrance débouchera sur plus de souffrance encore. S'agit-il de punir ? De châtier ? Ou d'empêcher de nuire ? Empêcher de récidiver ?

Dans les familles en lambeaux, à quoi renoncer, que préserver, comment reconstruire sur un saccage ? La question qu'on réservait aux victimes se pose aussi du côté des agresseurs. Il y a ceux qui se sont appuyés en toute inconscience, en toute irresponsabilité, en toute impunité, sur la culture du viol pour commettre ce dont tout un système les excuse à l'avance. Ceux qui ne reconnaissent rien, qui ne se sentent coupables de rien. Tant pis pour eux.

Et il y a les autres. Ceux qui se sentent mal. Qui aimeraient effacer ce qu'ils ont fait et savent que c'est impossible. Qui aimeraient trouver un moyen de se racheter. À ceux-là, il doit être possible de proposer autre chose que la simple répression, la prison, l'exclusion.

Je n'ai pas la réponse. Je sais seulement que la haine n'en est pas une. Mais la question ne peut être traitée que par la société dans son ensemble. En gardant pour priorité la défense des victimes.

Aujourd'hui on compte tout, on chiffre tout. Mais quel est le coût social de la prédation sexuelle ? Celui de ses conséquences ? Les maladies, dépressions, échecs scolaires, comportements autodestructeurs, suicides ? Combien coûte à la collectivité la criminalité machiste ? Et que ferions-nous de l'argent dégagé par sa prévention ?

Le 8 mars 2021, *Libé* publie la lettre d'un violeur : « J'ai violé. Vous violez. Nous violons. » L'auteur a vingt ans, il a violé sa petite amie. Évidemment ça fait scandale. Choisir précisément cette date est d'une éloquente goujaterie. La Journée internationale des droits des femmes est une date de célébration, de solidarité. Le jour où on se tient chaud avant de retourner au charbon, mais demain seulement. Et ces gros balourds se disent que donner la parole à un violeur ce jour-là est une bonne idée. Balourds, ou pervers ? Où sont l'empathie, l'intelligence, la délicatesse, le respect ? Pas dans *Libé*.

N'importe quel autre jour, oui. Oui, il faut publier. Oui, il faut braquer un projecteur sur les violeurs. Si on veut passer à une autre dimension de la lutte, il faut qu'on les voie. Il faut qu'ils s'expliquent. Écouter ceux qui se sentent mal et osent affronter le jugement des autres sans se planquer, sans nier. Expliquer, comprendre, ne signifie ni excuser ni atténuer. Au contraire. Ça indique qu'on se donne les moyens de terrasser la culture du viol. La déraciner. L'exposer. Qu'elle devienne insupportable. Qu'elle provoque rejet et révulsion. Qu'elle se révèle dans la pleine lumière, où on ne peut rien cacher.

Agressions

Imaginez une pièce de théâtre, à quatre personnages. Deux femmes, deux hommes.

Automne 2017, France 2, *On n'est pas couché* animé par Laurent Ruquier. Avant même sa diffusion le samedi soir (l'émission est enregistrée le jeudi), la rumeur d'un clash se répand. Les deux *bad cops* de la saison sont Christine Angot et Yann Moix. Le choc concerne Sandrine Rousseau, une des victimes de Denis Baupin le harceleur-agresseur, faux-cul et vrai pervers. Elle vient promouvoir son livre *Parler*. À l'heure où les médias répètent que ces femmes ont raison d'oser parler, comment l'une d'entre elles est-elle accueillie ?

Sandrine Rousseau arrive sur le plateau. Yann Moix, après moult prudentes circonvolutions qui affirment son « respect » – s'il allait de soi, inutile de préciser, mais il ne va pas de soi justement, donc il convient d'insister, au cas où la suite des événements démontrerait le contraire –, se dit déçu de n'avoir pas trouvé de description de l'agression. C'est ça qui l'intéressait ? Du croustillant, du précis, du qui excite vaguement ? Il déplore de ne pas visualiser l'agression, et donc de ne pas en ressentir la violence. Pas par voyeurisme, précise-t-il. Ça commence mal. Un livre, c'est ce qu'il y a dedans, pas ce qu'on aimerait qu'il y ait. En tant qu'auteur, Moix le sait. Et s'il considérait un tant soit peu les victimes, il saurait qu'elles rechignent à décrire, ce qui équivaut à revivre, une agression. Mais il n'est pas là en tant qu'auteur, il est là pour faire de l'audience. Puis Angot intervient. Elle dit que « parler » constitue en fait une injonction, une de plus, balancée aux femmes, comme s'il n'y en avait pas assez. Le mode infinitif serait en réalité impératif : « Parlez ! » Rousseau est mise en accusation, d'entrée. Quiconque a subi une agression sexuelle doit s'attendre à être maltraitée si elle témoigne. On va ici assister à une démonstration d'autant plus spectaculaire que c'est une femme qui mène la charge. Ces quelques minutes illustrent le traitement réservé à la parole des victimes. Même que « victime », c'est un mauvais mot, il paraît. Alors on dit quoi ? On dit rien, on ferme sa gueule, c'est la tradition.

Le clash a sauté au montage. Mais les réseaux sociaux racontent sur la Toile les dix-huit minutes coupées. Angot, furieuse, a quitté le plateau. On imagine le tournage qui s'arrête, la récalcitrante qu'on va chercher dans sa loge. La productrice, en régie, épatée par ce qu'elle prend pour du tempérament. La chroniqueuse qui revient, parce que bon, c'est bien joli tout ça mais peut-être qu'elle y tient quand même, Angot, à son job. Et le tournage reprend.

À une époque de ma vie, quand j'étais moi-même présidente d'assoce, j'ai beaucoup échangé avec toutes sortes de victimes de toutes sortes de violences sexuelles. Les plus absolument détruites étaient les victimes d'inceste, filles et garçons. Une amie violée enfant, pendant des années, par son grand-père, me dit : « On ne guérit pas plus de l'inceste qu'on ne guérit d'une amputation. Ça ne repoussera pas, on le sait. On apprend à vivre en se passant d'une partie de soi. » Angot est l'une d'elles. Elle a cherché non pas une solution – ça n'existe pas –, mais un moyen de survivre. Son moyen à elle. Elle a écrit. Avec talent. Ceux qui prétendent le contraire sont bouchés à l'émeri. Son œuvre parle pour elle. Son œuvre lui sert de béquille. Son œuvre la nourrit. L'inceste devient la pierre d'achoppement de son indéniable succès, de sa capacité à créer le scandale, de son appétit de notoriété. Elle est non pas celle qui écrit sur l'inceste, mais celle qui a écrit *L'Inceste*. OPA sur le concept. Se l'est-elle approprié, et, au passage, le viol en général, sous ses multiples formes ? Reproduit-elle une violence désormais constitutive de tous ses rapports avec autrui, à l'instar de ces enfants battus qui, une fois parents à leur tour, battent leurs propres enfants ? A-t-elle privatisé non pas l'inceste, mais la parole sur l'inceste, à son seul usage ?

Le fait est que, dressée sur ses ergots, elle interdit à Rousseau d'avoir recours à une autre attitude, une autre défense, une autre survie, que la sienne. On bascule dans une nouvelle dimension. Elle lui intime de se taire, parce que parler, ça « n'existe pas » (sic). Foi d'Angot ! Au comble de la fureur, tel un chat hérissé préparant le coup de griffe fatal. Rousseau, en plein désarroi, prononce alors des mots qu'Angot prétend « ne pas pouvoir entendre », auxquels elle réagit en vitupérant, en soufflant par les narines, en roulant des yeux. Elle est à la fois grotesque, pathétique et détestable. Sur le plateau, ce que nous ne verrons pas, mais qui sera relayé par le public, atteint l'irrémédiable : elle jette son verre, ses papiers, et quitte le plateau dans un grand geste spectaculaire que n'eût pas désavoué Sarah Bernhardt.

Qu'a-t-elle donc dit, Rousseau, pour provoquer un tel déchaînement ? Elle a évoqué des personnes « formées à recueillir la parole des victimes ». Rien que de très banal. Mais c'est ça qu'Angot ne peut pas entendre. « On se débrouille », assène-t-elle. Elle se débrouille, vraiment ? Ça a l'air de la mettre dans un drôle d'état de refuser obstinément le mot « victime ». Et le mot « écrivaine », au passage. Elle est de ces femmes qui ont besoin de se définir au masculin pour se sentir exister. Qui ne se voient qu'à travers le *male gaze*. Le regard masculin.

Rousseau fait face, résiste, on la sent à fleur de peau, c'est que ça persiste, le sentiment d'humiliation qui suit une agression. Son menton tremble, les larmes affleurent. Et les caméras n'en cachent rien. Elle dit : « Depuis dix ans, rien n'a changé, on en est au même point, personne ne nous écoute. » Depuis dix ans ? Non, Sandrine. Depuis mille ans, deux mille. Depuis toujours. Les femmes parlent, les femmes hurlent, les féministes dénoncent, la caravane passe... Et pendant ce temps, quid des deux hommes en plateau ? Yann et Laurent restent spectateurs. Extérieurs. Mi-stupéfaits, mi-navrés. Embarrassés. Ils auraient pu manifester de l'empathie, montrer qu'ils saisissaient les enjeux de la scène. Ces deux femmes sont des victimes directes de deux hommes de pouvoir, le père de l'une, le chef de l'autre. Mais ni l'animateur ni le chroniqueur n'étant personnellement partie prenante, ils considèrent que ça ne les concerne pas. Au fond, ça ne les intéresse pas. La violence machiste dans son continuum, du « compliment » à l'assassinat, c'est jamais que des histoires de gonzesse, des trucs de nana, tels le bikini ou le rimmel waterproof. On pense à Coluche : « J'ai vu un reportage sur les chiens d'aveugle, m'en fous, j'ai pas de chien et chuis pas aveugle… »

Détester les hommes

Ne comptez pas sur moi pour détester les hommes.

Parce que je suis la fille d'un homme que j'ai adoré et adorerai toujours. Parce que je suis la sœur de deux d'entre eux et la tante de quatre, et qu'ils illuminent ma vie. Parce que j'ai des amis, des vrais, précieux, qui sont parfois d'anciens amants. Parce que j'admire une kyrielle d'artistes aussi essentiels pour moi que le sang qui coule dans mes veines. Parce qu'il en est que je trouve beaux, désirables, aimables au sens premier du terme. Pas tous ? Non. Pas tous. Quelques-uns me suffisent.

Détester les hommes ? Rien ne m'est plus étranger. Les hommes, en vrac, ça ne veut rien dire.

Mais ne comptez pas davantage sur moi pour fermer ma gueule.

Parce que la haine des femmes est partout dans ce que les hommes ont créé, écrit, filmé, chanté, pensé, exprimé pendant des siècles. Parce qu'elle engendre un monstrueux malheur. Parce que le génie au masculin s'est épanoui aux dépens de muses réduites à néant. Parce que le machisme nous étouffe, nous met sous cloche, nous bâillonne au point que nous ne savons pas qui nous sommes. Parce que la plupart du temps vous vous en foutez, préférez regarder ailleurs. Parce que vous n'essayez même pas de comprendre.

Pour toutes ces raisons et bien d'autres, je me tiendrai toujours aux côtés des femmes en révolte, toutes, même celles dont je ne partage pas le point de vue. Solidaire inconditionnelle des courageuses, des vaillantes, qui la ramènent. Qui agissent. Et qui nous sauvent. Et qui vous sauvent.

Je comprends, oui, je comprends parfaitement qu'on puisse dire « je déteste les hommes », et qu'on puisse les détester vraiment, parce que c'est une réponse, un retour, une réaction logique dans un monde où la haine des femmes n'est pas une abstraction, ni un mythe, mais un hobby, une tradition, un exercice quotidien dont vous pourriez voir les effets si vous n'étiez anesthésiés à la douleur d'autrui par une culture de la déculpabilisation.

Je me suis réjouie de la sortie du livre intitulé *Moi, les hommes, je les déteste**, parce qu'il est temps que le grand ras-le-bol s'exprime. Je l'ai lu. L'autrice est mariée et aime son mari. Elle déteste donc avec nuance, hein, pas bien méchant tout ça, et le titre est peut-être un choix d'éditeur plutôt que d'autrice. Pour autant, le cri est salutaire. Pourquoi ? Parce que les femmes se taisent depuis toujours. Parce que même quand elles se taisent, vous les trouvez bavardes. La parole des femmes vous est bruit, nuisance. Insignifiant caquètement. Vous êtes allés jusqu'à inventer des mots spécifiques et méprisants, comme papotage, bavardage, commérage. Les femmes ont appris à meubler le silence avec du *small talk*, sans jamais exprimer le fond de leur pensée en votre présence. Peur des conséquences, des représailles. Sinon peur, du moins prudence. Elles communiquent par code, comme les esclaves qui inventèrent le créole pour ne pas être compris des maîtres. Selon les anthropologues, la conversation a pour les humains la même fonction sociale que l'épouillage chez les primates : échange, contact, détente, solidarité, rassurance. Nous avons développé un inconscient collectif venu de la nuit des temps qui nous dit, au-delà des paroles, que les hommes sont dangereux. Qu'il faut apprendre à

* Pauline Harmange, Seuil, 2020.

louvoyer, esquiver. « En bouche fermée les mouches n'entrent point », disait Henry de Monfreid. Stratégie de survie.

Il faut que notre vérité existe. Même si je n'en suis pas, je comprends celles qui rejettent les hommes, qui ne veulent plus avoir affaire à eux.

Les mecs, « c'est pas de la tarte », m'a murmuré fort pudiquement, il y a quelques jours, une de mes amies, très mariée, très maman, très douce et très patiente. Si elle-même le dit...

Une autre, très jeune: « Je n'aime pas les mecs en général. J'en aime quelques-uns, tu sais, comme le mec raciste qui dit qu'il a des amis noirs ! » Ce qu'on appelle assumer.

Une grand-mère, dans un doc télé: « J'ai peur de l'homme. Il est méchant. » Simple et lapidaire, pour une réalité jamais exprimée.

Comme ça ne se dit pas, ça ne s'entend pas. Et donc, quand ça surgit, ça écorche l'oreille. Elles le savent, les meufs, que si elles verbalisent, ça va se retourner contre elles. Alors que depuis toujours les mecs proclament leur misogynie comme si c'était un art de vivre, une marque de raffinement à la française. Le terme « misogyne » a toujours existé. Le terme « misandre » a été inventé, fabriqué, calqué sur l'étymologie de « misogyne », dans les années soixante-dix du XXe siècle pour qualifier… des écrits féministes ! À noter que les féministes elles-mêmes ne se sont jamais définies ainsi. Le mot fait partie de l'arsenal du *backlash*.

Quand Alice Coffin publie *Le Génie lesbien**, où elle énonce son intention d'éliminer les hommes de sa pratique culturelle, elle signifie que, lasse du masculin qui occupe la quasi-totalité du monde artistique, elle va désormais écouter des compositrices, lire des écrivaines, voir des films de réalisatrices. Twitter s'enflamme : « Remplacez “hommes” par “Juifs”, “Arabes”, “Noirs”, “femmes”, mettez le tout dans la bouche d'un néonazi, et imaginez l'effet. Cette phrase dit de cette femme qu'elle est totalement raciste. Elle dit aussi beaucoup d'une époque qui la supporte sans s'indigner. » Pour ces internautes, éliminer un élément d'une playlist ou exécuter des millions de personnes, c'est pareil. Des centaines de mails assènent la même chose. Quelques rares personnes réagissent différemment : « Alice Coffin n'est pas dans la détestation des hommes (cf. ce qu'elle dit sur son père), mais s'élève contre un système où les hommes sont surreprésentés. Quant aux propos cités,

* Grasset, 2020.

je les cherche dans le livre, je ne les trouve pas. » Pourquoi un tel écart ? Parce que les secondes, le livre, elles l'ont lu…

Une femme qui déclare que les hommes ne l'intéressent pas, qu'elle préfère les ignorer, se retrouve assimilée à… Hitler. Excusez du peu ! Pauv'ti'bouchons ! C'est que vous êtes fragiles, hein ! Démarrez au quart de tour dès qu'on fait mine d'avoir l'air d'envisager d'égratigner l'ego masculin ! Parmi les contempteurs d'Alice, il ne s'en trouve pas un pour mentionner le millénaire monopole masculin sur la culture. Se pourrait-il qu'ils accordent plus d'importance à une éraflure sur leur propre carrosserie qu'à la casse de millions de véhicules ? Gros bobo ?

Vous en avez tellement fait, les mecs. Vous en faites encore tellement. On pourrait vous détester pour moins que ça. Mais moi, je suis féministe, et le féminisme, c'est de la politique. C'est une vision, un combat, une exigence. Pas un règlement de comptes. Haïr, c'est ce que vous nous avez fait, que vous faites toujours, et c'est gerbant. Vous rendre la pareille me rabaisserait à un niveau qui m'insulte. Je ne sais pas, ne veux pas, donner dans le même registre. Je me bats contre des structures, une culture, des violences, des injustices. Je ne déteste pas les hommes parce que ma conscience politique me permet de penser droit. Deux hommes, Martin Luther King et Nelson Mandela, qui ont ainsi refusé de reproduire en retour la haine qu'ils avaient reçue, l'ont payé très cher. Ils ne sont pas des femmes, ils ne sont pas de ma culture ni de la nuance de mon épiderme. Ils étaient, simplement, des êtres humains. Je me revendique de cette humanité-là.

Les gens, je les prends un par un, et si je dois en penser quelque chose, ça ne peut être qu'à l'aune de ce que j'en connais. De ce qu'ils font. Femme ou homme, jeune ou vieux, blindé ou fauché, rose ou vert, je m'en fous. De ça et du reste. L'individu d'abord. Il y a beaucoup d'hommes que j'aime infiniment plus que beaucoup de femmes. Quand je vois des électrices pro-Trump glapir contre l'avortement, le moins qu'on puisse dire est que je ne les ressens pas comme des sœurs. Loin s'en faut. Juste comme des pauvres crétines. Mais je ne les hais pas, je n'ai pas de temps à perdre. Je les ignore.

Ma seule boussole est ma conscience politique. Et ma conscience politique est féministe.

Un jour, il y a longtemps, un mec m'a cassé la gueule. Un homme dont j'étais très amoureuse. Nous ne vivions pas ensemble. Ça s'est passé chez moi, dans mon appartement. Un dimanche. J'avais acheté des gâteaux, certains pour nous, d'autres à apporter au dîner chez des amis, le soir même. Il a commencé à ouvrir le mauvais paquet. J'ai dit : « Non, pas celui-là, l'autre. » Pourquoi cette phrase a-t-elle déclenché un accès de fureur ? Était-ce une goutte d'eau qui avait fait déborder un vase dont je n'avais aucune conscience, un truc qui s'accumulait en lui et en silence (zeugma) ? Je ne le saurai pas, ne le saurai jamais. Et d'ailleurs peu importe. Rien ne justifie ce qui suivit. Il me saisit et me jeta à terre. La différence de gabarit n'était pas du tout en ma faveur. Mes tentatives pour lui échapper échouèrent toutes, il me rattrapait avec une facilité si évidente que je compris que je ne lui échapperais pas et me mis à avoir peur qu'il me fracasse contre le mur et me défigure ou me tue. Je me recroquevillai au sol en position fœtale, protection maximale. Et dans ma tête, je voyais la scène de haut, du plafond, comme filmée par un drone. Je me voyais de l'extérieur, comme si ce n'était pas moi. Je me disais à la fois que j'étais capable d'encaisser, et qu'il pouvait me tuer. Les pensées se bousculent, ça va très vite, alors que le temps semble se suspendre. Après une avalanche de coups de poing sur la tête et dans le dos, il opta pour la station debout, plus confortable, et les coups de pied se mirent à pleuvoir, au hasard, dos, jambes, bras. Il finit par se fatiguer. Cogner, ça épuise, tous les boxeurs vous le diront. Je ne bougeai pas. J'attendis. On était dans un paroxysme, il ne fallait rien précipiter, au cas où ça le reprendrait. Il me tendit la main comme pour m'aider à me remettre debout. Je me relevai seule et lui demandai à voix basse : « Je peux aller prendre un bain ? » Calmé, il dit : « Oui, bien sûr. » Je n'osai pas verrouiller la porte. Il pouvait d'un coup de pied l'envoyer valser. Je restai dans l'eau longtemps, réchauffant le bain de temps en temps. Je me disais et voilà, toi aussi ça t'est arrivé ma grande. Je n'en revenais pas. J'avais toujours eu dans l'idée qu'il fallait une raison, une dispute, à tout le moins une tension, pour provoquer un tel déferlement. Si tel avait été le cas, il n'en avait rien laissé paraître et je n'avais pas le moindre indice. Aucune violence avant, jamais. Incompréhensible. Puis je l'entendis toquer, tout doucement : « Je peux ? » Je pensai : si je dis non, tu vas encore t'énerver ? Mais je ne le dis pas. Je dis oui. Il apparut, l'air contrit, une coupe de champagne dans chaque main. M'en tendit une. Je le trouvai à ce moment-là tellement grotesque, tellement con. Je lui indiquai de la poser sur le rebord et lui demandai : « Tu peux me laisser, s'il te plaît ? » Il referma précautionneusement derrière lui. Je me séchai, me rhabillai et retournai dans le salon en laissant la coupe où elle était. Il sirotait la sienne, sagement assis. Je lui rappelai, de ma voix la plus neutre, que j'avais un rendez-vous, c'était prévu, j'allais y aller, je rentrerais plus tard. Bien sûr, dit-il. Avec des gestes très lents, je pris mon sac, mes clés, et partis de l'appartement avec l'intention de ne pas revenir avant qu'il ait quitté les lieux.

Quand j'étais étudiante, j'avais été bénévole dans des assoces qui s'occupaient de femmes en détresse, le mot recouvrant toute une gamme de violences, dont les coups. Le leitmotiv qu'elles reprenaient toutes s'était gravé dans mon esprit : il faut partir à la première baffe. Parce que s'il y en a eu une, il y en aura forcément d'autres. C'est inéluctable. C'est à cette expérience féministe que je devais de savoir ce qu'il me conviendrait de faire si jamais ça m'arrivait. Ce qu'il me convenait de faire, donc, puisque ça m'était arrivé. Ce jour-là, je récoltai une collection d'hématomes qui mirent des semaines à disparaître. Et j'appris beaucoup sur moi. Je compris que j'allais être incapable de le quitter d'un coup, comme ça. Mes sentiments pour lui ne s'étaient pas effacés façon abracadabra. Atténués oui, disparus non. Remis en question oui, disparus non. Il me fallait du temps, m'organiser pour souffrir le moins possible. Laisser la réalité descendre de mon cerveau à mon cœur.

Je dormis ailleurs pendant plusieurs jours et, après quelques péripéties, il cessa de s'incruster dans mon appartement. Je fis changer la serrure. Nous nous rencontrâmes et parlâmes, en terrain neutre. Je lui dis que plus jamais nous ne serions seuls nulle part, il y aurait toujours des gens à portée de voix, nous nous verrions chez des amis, à la campagne, à l'hôtel. Jamais chez moi. Ni chez lui. À prendre ou à laisser. Il eut ce mot incroyable : « Je t'aime, tu sais, tu te rends compte que j'ai fait attention, je ne t'ai pas frappée au visage, je ne voulais pas que tu marques... » Je me souvenais parfaitement de ma position au moment des coups, mon visage était inaccessible. Et il venait me dire que ça aurait pu être pire s'il m'avait aimée moins ? Je fis la seule chose à faire : je ris. Nous fîmes encore l'amour quelques mois, j'en avais besoin pour le chasser de ma vie. Ça a l'air paradoxal, ça ne l'est pas tant que ça. On ne peut pas perdre trop d'un coup, on y laisserait trop de plumes. On est, après un événement aussi extrême et inattendu, comme coincé sous une poutre dans un séisme : si on dégage d'un coup, on meurt. Les sauveteurs y vont progressivement pour que tout se remette à circuler et qu'on puisse survivre. Je ne prétends pas que cette technique soit bonne pour d'autres. Mais dans ce maelström émotionnel où celui qui vous frappe est celui que vous aimez, où il est parfois le père de vos enfants (ouf, ce n'était pas mon cas), où il vous connaît assez pour jouer sur vos cordes sensibles, il faut arrêter de s'étonner que les femmes ne partent pas immédiatement. Je ne parle pas ici des incapacités de la police et de la justice, ni du manque de structures d'accueil, je parle de l'anéantissement de ce sentiment que depuis petites filles nous avons assimilé comme l'alpha et l'oméga de nos existences : l'amour. Anéantissement de ce que nous avons hissé sur un piédestal mental, survalorisé, qui nous structure et nous constitue. Et il faudrait s'en détourner sans états d'âme ? Si je n'avais pas pu faire autrement, si j'avais dû couper court, je m'en serais accommodée, mais j'avais trouvé une solution qui me permit de reprendre pied en douceur.

J'ai tiré deux leçons de cette expérience qui me frappa adulte, construite et capable de me défendre. La première, c'est que la violence peut surgir inopinément, en plein confort, en pleine sécurité. Un dimanche de printemps, à la maison. Et qu'il est donc impossible de se méfier, de se protéger totalement. La seconde, c'est que ma culture féministe me sauva la mise, me donna des clés pour affronter la situation, m'en sortir par moi-même et par le haut. Je précise que je fis faire un constat par un médecin qui consigna les marques qui constellaient tout mon côté gauche (le droit, étant à terre, avait échappé au croquenot vengeur), et me dit que ça ne servait à rien puisque je n'avais pas de témoins. Je m'abstins d'aller à la police. Et n'en parlai à personne, seul moyen d'éviter les conseils imbéciles et avis inutiles. Encore une fois, ça ne vaut que pour moi.

Combien sommes-nous à avoir préféré le silence ?

Je ne ferais pas différemment aujourd'hui. Je ne fais pas confiance aux institutions. Et j'admire profondément les femmes qui ont ce courage.

Je suis tombée amoureuse à nouveau, bien des fois. Je refuse de me méfier. Je refuse de laisser la peur gagner sur la spontanéité. Je m'aime comme je suis. Positive. Je prends des précautions, c'est différent. Ma vie sentimentale se déroule bien à l'abri, hors d'atteinte des hostilités inutiles, et protégée par ma culture féministe. C'est elle qui me permet d'identifier l'ennemi. De ne pas laisser toucher l'os. Je lutte contre le machisme avec conviction, lassitude parfois, enthousiasme aussi. Les hommes qui me côtoient savent qu'ils n'ont rien à craindre de moi. La réciproque n'est jamais tout à fait vraie. Je m'en tire à bon compte.

Au hasard des infos, en quelques jours de ce début d'année 2021 :

Le 14 janvier 2021, à Alençon. Laura, vingt et un ans, battue à mort avec un marteau puis poignardée par son compagnon.

Le 12 février 2021. Magali, tuée à coups de batte de base-ball par son mari. Puis transportée en forêt, enterrée, couverte de chaux vive. Laisse quatre enfants.

Le 3 mars 2021. Sarah rentrait chez elle. Enlevée et tuée par un membre de la police.

Le 11 mars 2021, à Montargis, dans un contexte de séparation et de violences, un père défenestre son bébé de vingt mois et saute après lui. La mère avait alerté la justice à plusieurs reprises. Le procureur avait estimé qu'il n'y avait pas d'élément alarmant.

Le 14 mars 2021, à Folschviller, Peggy, quarante-cinq ans, prise en otage et abattue au pistolet par son ex-conjoint.

Le 21 mars 2021, à Perpignan, une femme brûlée et intoxiquée dans l'incendie de son appartement provoqué par son ex-conjoint, connu de la police pour violences conjugales. Meurt à l'hôpital.

C'est vrai qu'Alice Coffin, elle exagère…

Female gaze

Quand je finis une journée truffée de statistiques sur les féminicides, de reportages sur les migrants, d'enquêtes sur le réchauffement climatique, quand la conscience de mon impuissance se fait plus pesante, quand j'aimerais que la Terre s'arrête pour descendre, j'appuie sur pause. Et j'ai besoin, j'ai envie, qu'on me raconte une histoire. Une belle. Une pas vraie. Une qui éveille cette midinette en moi qui ne dort jamais que d'un œil.
J'aime les histoires. J'aime qu'on m'en raconte, j'aime en lire, j'aime en voir. J'aime les belles histoires, et la dernière chose que j'en attends, c'est qu'elles soient réalistes. Je veux me projeter dans un monde où ce qui m'angoisse, ce qui me révolte, est tempéré par la certitude que ça finira bien. Je prends zéro tranquillisant, je ne me drogue pas, je bois raisonnablement. Je préfère me shooter aux contes, aux balivernes joliment agencées. Sauf qu'avant, si tu la voulais ton histoire, il te fallait accepter que le héros soit le plus fort. Le maître.

Il ne suffisait pas de lui tomber dans les bras. Il fallait y capituler. Rendre les armes, sans condition. Gober le mythe de la supériorité masculine. Se pâmer pour des sales types à la Rhett Butler. Ça gâchait le plaisir. Mais c'était ça ou rien.

J'ai fini par m'abonner à Netflix, après une longue résistance. Je me méfie de moi-même. Une telle profusion de séries et de films à portée de télécommande a tout pour m'éloigner de mon clavier. Je me connais. La procrastination et le *binge-watching* guettent… Mais le confinement a eu raison de mes résolutions les plus étincelantes. Ne parlons pas des plus mollassonnes. J'ai plongé. Et c'est comme ça que je me suis retrouvée aux premières loges. Sans mettre le nez dehors. Normalement, pour les révolutions, il faut sortir, ça se passe dans la rue. Pas celle-ci. J'infuse dans mon canapé et dans une douce euphorie. Je regarde le jour se lever. Le ciel est rose.

Le 22 janvier 2021, dans son émission *C à vous*, sur France 5, Anne-Élisabeth Lemoine reçoit l'écrivain Philippe Besson. Au cours de l'entrevue, celui-ci dit son enthousiasme pour la série *Bridgerton*, carton planétaire de Netflix depuis Noël 2020. Mais juste après, et au cas où on se méprendrait sur ses goûts en matière culturelle, il se croit tenu de modérer son propos : « … à part ça, c'est *Amour, Gloire et Beauté*, hein… » En d'autres termes, ne nous emballons pas, *Bridgerton*, c'est un truc de gonzesse, médiocre et cucul la praline. L'écrivain tient à montrer qu'il n'est pas dupe. On ne la lui fait pas, à lui.

Amour, Gloire et Beauté est un soap opera à l'américaine, diffusé non-stop depuis 1987. L'archétype du *culebrón*, feuilleton sans fin et sans autre ambition que servir de support à de la pub pour lessive (*soap* en anglais), typique d'une production destinée à une frange méprisée de la population : les femmes au foyer. Le scénario à tiroirs est prévu pour s'éterniser tant qu'il y aura du linge à laver et du détergent à vendre.

Amour, Gloire et Beauté, c'est de la daube. Oui. Vous ne trouverez personne pour prétendre le contraire, même ses propres auteurs. C'est du feuilleton pour « ménagère de moins de cinquante ans », je sais, ça ne se dit plus, mais ça se disait à l'époque où la série fut conçue, dans les années quatre-vingts. L'image d'un show dépend beaucoup moins de son contenu que du statut social de son public. Ainsi, ce qui est prisé des femmes est aussi méprisé qu'elles le sont elles-mêmes. Pas la peine de faire des efforts de qualité, ça serait comme donner dans la gastronomie quand on fabrique de la pâtée pour chien. En classant *Bridgerton* dans cette case, Besson tient seulement à montrer qu'il se situe bien dans les critères du culturellement correct. Ce qu'on affirme aimer se doit de rester dans le bon goût, exigeant et raffiné. En clair, dans ce qu'aiment les dominants. Surtout pas populaire, surtout pas féminin. L'acteur à prolos et le chanteur à minettes ne font pas partie du club. Les scribouillard·es pour femmes pas davantage.

Or, là où il a vu du soap, du *culebrón*, du feuilleton au kilomètre, j'ai vu tout autre chose.

Pas de surprise : le deux poids, deux mesures sévit aussi dans la culture populaire. Celle qui a fait du football, passion masculine, une épopée transcendante. Mais qui, en revanche, ne réserve que condescendance à ce qu'on a successivement appelé « ouvrages pour dames », « histoires à l'eau de rose », « romans de gare » ou *chick lit*. Qu'on qualifie également de « bluette », de « mélo » ou de « romance sentimentale ». Ça a beau s'écouler à des millions d'exemplaires à travers le monde, ce n'est jamais sorti du ghetto des couvertures criardes et des petits prix qui annoncent le bas de gamme. Loin des radars médiatiques et de l'attention de la critique littéraire, elle est globalement synonyme de mièvrerie, comme s'il n'y avait pas, des *Deux Orphelines* au *Journal de Bridget Jones*, l'ombre d'une nuance. Alors qu'on passe des émissions entières à traiter du ballon rond, à disserter sur les pointes d'accélération de Mbappé ou les envolées lyriques de Zlatan. Le foot intéresse la culture dominante. Ce que lisent les femmes, pas du tout.

Pourtant, ces écrits, quel que soit le nom dont on les affuble, jouent un rôle dans la vie des femmes. Pourquoi une littérature supposée si peu exigeante, si peu inventive – ce qu'elle est souvent –, une telle fabrique de stéréotypes, de clichés, passionne-t-elle ses lectrices ? Qu'y trouvent-elles qu'elles ne trouvent pas ailleurs ? Et qu'elles trouvaient aussi, quand ça existait, dans les romans-photos et les chansons dites réalistes ? On ne peut en juger qu'à l'aune de la vraie vie des femmes. Une vie sous contrôle en régime patriarcal, en butte à l'injustice et à la violence. C'est encore plus vrai pour les générations précédentes. Et si les femmes y puisaient, simplement, du réconfort ? Un réconfort parfois vital ?

Marie-Victoire Louis, sur son site web, remarquable compilation de textes féministes historiques ou personnels et d'un précieux « Abécédaire féministe » constamment mis à jour et enrichi, est en train de constituer, au fil des années, un marché aux merveilles où dénicher une mosaïque d'infos, citations, articles, témoignages qui révèle notre histoire en train de se faire. Une véritable mine, une île aux trésors. En 2017, dans le chapitre qu'elle consacre au mélo (rubrique culture, et oui, le mélo, culture des dominées…), elle relève ceci : « Lu, concernant Jacqueline, trente-deux ans [violée par son beau-père. Quatre enfants. Elle le tue. Treize mois de détention, neuf mois d'hôpital psychiatrique] : "À dix-sept ans, elle doit faire comme si elle était sa femme, lui donner le bras comme s'ils étaient un couple. En cachette, elle lit *Intimité* [revue de la presse dite 'du cœur'] : 'C'était ma seule douceur.'" »

Sa seule douceur, dans une vie de violences extrêmes. Tout est dit.

L'exemple est tiré d'un livre de Ménie Grégoire, star de la radio des années soixante-dix, intitulé *Telle que je suis* *.

Cas isolé ? Pas vraiment. Nous savons aujourd'hui l'intensité des violences dont personne ne parlait et qui palpite encore largement dans le non-dit. Les femmes comblent le gouffre entre ce qu'enfants elles imaginaient de leur avenir et la brutalité de leur présent. Elles

* Robert Laffont, 1976, page 131.

franchissent par la lecture l'océan entre leurs espérances et leur quotidien. Tous les démentis opposés par la vie ne parviennent pas à détruire le mythe. Elles vont chercher où elles peuvent ce qu'il faut de grandeur, de hauteur et d'intensité pour qu'une vie vaille la peine. Pour ressentir ces émotions qui guérissent, elles se les concoctent elles-mêmes. Transposent. Bovarysent. Et si ça leur fait du bien, on ne voit pas à qui ça fait du mal. Ni en quoi ce serait méprisable. Cette forme littéraire remplit la double fonction de leur parler d'elles, si absentes de ce que retient l'Histoire, et de leur offrir une échappatoire sans risque. Libres dans leur tête, comme le Diego de la chanson.

Bien sûr que le prince charmant n'est pas de ce monde. Et l'amour parfait pas davantage. Mais ça fait plaisir d'en rêver. Bien sûr mon gars que tu ne seras jamais champion du monde. Mais se fantasmer en Zidane, ce n'est pas qu'on y croit, c'est que ça rend heureux, au moins un instant. Sauf que toi, on ne te regarde pas de haut, on ne te dévalorise pas, on ne te *chick-litte* pas. On te laisse défiler en masse sur les Champs-Élysées. Et s'il arrive que tes collègues supporters se bastonnent ou vandalisent le mobilier urbain, la presse se fera l'écho de leurs méfaits avec une certaine indulgence. *Boys will be boys!* Les garçons seront toujours des garçons.

Pas la même musique pour les filles. Elles ne détériorent pas, ne circulent pas en bande dans la rue en pissant partout, ne vocifèrent pas, ne sèment pas le macadam de tessons et de canettes, ne mobilisent pas les flics pour contenir leurs débordements. Non. Elles lisent des livres. Mais c'est elles qu'on regarde de haut. La condescendance, c'est pour elles.

Pas le même monde.

Si les femmes existent depuis longtemps en littérature, c'est que l'écriture est un art de fauchées : une feuille, un crayon, et le tapis volant décolle. Peu de reconnaissance, pas de récompenses, mais des bataillons de lectrices. Les autres formes d'expression artistique, celles qui nécessitent des moyens, du matériel, du financement, de la confiance, sont restées hors d'atteinte, farouchement protégées par l'occupant masculin. Au summum de l'inaccessible, le cinéma. Chasse gardée.

Jusqu'à très récemment, seules les cinéphiles cavernicoles et les féministes connaissaient l'existence d'Alice Guy, cinéaste précurseuse, alter ego de Georges Méliès. En 2018, au box-office américain, parmi les cent premiers films, on en comptait quatre réalisés par des femmes. En 2020, on en est à seize. Malgré cette récente accélération, ça progresse globalement à l'allure d'un paresseux dans ses branchages…

Mais si le *male gaze* règne encore, ce n'est plus sans partage. Le continent noir émerge. Doucement mais sûrement. Le *female gaze*, ce n'est pas seulement raconter d'autres histoires. C'est aussi, c'est surtout, raconter les mêmes, mais sous un autre angle. Élargir la perspective. Le *female gaze*, ce n'est pas un retournement de situation qui remplacerait les hommes par des femmes en gardant les mêmes relations entre les protagonistes. C'est un enrichissement de la représentation du monde. Qui sort du point de vue des dominants pour s'étendre à celui des dominées. Ou plus exactement aux points de vue de tous et toutes les dominé·es. Qui passe de l'exclusion à l'inclusion.

Le *female gaze* réhabilite ce que les dominants méprisent. Notre culture. Nos valeurs. Nos priorités. Nos aventures. Nos guerres à nous. Nos batailles à nous. Nos défaites à nous. Nos victoires, aussi.

En quoi la série *Bridgerton* est-elle porteuse de *female gaze* ?

Nous sommes à Londres, en 1814, dans la haute société. Dans l'ambiance des romans de Jane Austen, devenus familiers depuis que *Raison et Sentiments* et *Orgueil et Préjugés* ont été adaptés sur grand écran. Or Jane Austen, c'est déjà du *female gaze* au début du XIXe siècle. Dans son œuvre, nous suivons les pensées et les stratégies des héroïnes, mais n'en savons pas beaucoup sur ce que font les hommes. Et vous savez pourquoi ? Parce que Jane elle-même ne le savait pas. Une femme de son époque. Comme ses héroïnes, et comme celles de *Bridgerton*.

Elles vivent sous cloche. Surveillées par leur chaperon dès qu'elles mettent le nez dehors. Leur éducation se limite au décoratif: jouer du piano-forte, chanter, broder. Élevées en oies blanches, ignorantes et vierges, elles ont le mariage pour unique perspective et ne disposent d'aucune autonomie, d'aucun droit, d'aucune liberté. Où se situe la différence entre les héroïnes d'Austen, purs produits du XIXe siècle, et celles de *Bridgerton*, qui débarquent du XXIe ? Les règles du jeu ne leur conviennent pas, mais si les filles d'Austen prennent le système pour argent comptant et ne cherchent qu'à s'attirer les faveurs du meilleur parti, celles de *Bridgerton* réagissent en filles d'aujourd'hui, s'expriment, la ramènent, agissent.

Les garçons sont mieux lotis, évidemment. Pour eux, pas de vertu à préserver, pas de chaperon. Ils disposent de leurs biens avant et après leur mariage, et s'ils ne se marient pas, c'est que tel est leur bon plaisir. Ils étudient, voyagent, vont et viennent à leur gré, de leur club réservé aux bouges ou aux rings. Ils sont, aussi, prisonniers de préceptes rigides et des traumatismes qui en résultent, et de codes absurdes pouvant aller jusqu'au duel, à l'aube, pour défendre leur honneur ou celui de leur clan. On les envoie à la guerre, aussi. Le statut de dominant n'a pas que des avantages.

Les filles affrontaient leur destin sur un autre terrain. Pour elles, pas de gloire, pas de médailles. Seulement la lutte éternelle pour la survie. Le territoire à défendre ? Leur propre corps. Leurs champs de bataille ? Les salles de bal. Quadrilles, mazurkas, valses, on parade, on s'observe, on s'épie, on se défie, on se séduit. Concurrence ouverte. Les gagnantes se piégeront de leur plein gré. Les perdantes reviendront l'année prochaine, décotées, moins désirables, plus désespérées. Elles jouent toutes leur avenir. Leur vie. La perdent, parfois. Tombent au champ de déshonneur. Malheur à celle qui se compromet. Pour être compromise, il suffit d'avoir été vue sans chaperon avec un homme à proximité. Réputation ruinée pour elle et sa famille. Les filles savent que se marier vierge est une obligation, mais elles ignorent ce que ça veut dire exactement. Leur seule mission est de faire des enfants, mais elles n'ont pas la moindre idée du mécanisme de la procréation. Ni du plaisir, ça va sans dire. Charmant, non ?

Shonda Rhimes, la productrice, est aussi scénariste et réalisatrice. Une surdouée, artisane de sa propre success-story. Elle est une femme noire. Elle sait ce que culture minoritaire veut dire. Elle a du pouvoir. Et des idées précises. Le regard de Jane Austen, elle va le *pimper* façon post-MeToo. Autre irruption du XXIe siècle : la musique et la danse. La bande-son reprend des airs d'aujourd'hui, les chorégraphies au cordeau boostent le côté plan-plan des gavottes d'autrefois. Ça nous parle.

Premières images, première surprise. Le casting ne semble tenir aucun compte de la couleur de l'épiderme des comédien·nes. Les rôles sont indifféremment joués par les uns et les autres. Je n'avais jamais vu ça dans un film d'époque. C'est ça qui a tant plu à l'écrivain mentionné plus haut. À juste titre. Les personnages de *Bridgerton* évoluent dans un monde qui s'en fout, de la couleur. La question ne se pose pas, ne se pose plus, peut-être ne s'est-elle jamais posée. Je sais déjà que je vais passer un bon moment. À qui dirait que ce n'est pas réaliste, il est aisé de répondre que rien dans une telle comédie n'a à l'être. S'il s'agissait d'une reconstitution historique, il faudrait, par exemple, que les dentitions soient vraisemblables. Rappelons que Joséphine de Beauharnais, même époque, avait les dents noires et ne souriait que de derrière son éventail. L'orthodontie n'était pas ce qu'elle est. Il faudrait, également, que les gens soient moins beaux. On voyait alors maints bossus, pieds bots, becs-de-lièvre, cicatrices de petite vérole, parce que la médecine aussi était de son temps. Pour ma part, je préfère me régaler du jeu de comédien·nes à qui aucun rôle ne sera réservé ou refusé en fonction de sa couleur de peau. On peut parfaitement croire à une Ophélie noire qui incarnerait le « fantôme blanc sur le long fleuve noir » du poème de Rimbaud, parce que c'est une affaire d'émotion, de vibration. De talent. L'acteur principal, Regé-Jean Page, métis, se réjouit d'incarner un personnage déconnecté de tout enjeu racial, détaché de toute souffrance passée, déculpabilisé, « *unapologetic of his own joy* », n'ayant pas à s'excuser de sa joie, dit-il. Il ajoute : « Ce qui se passe souvent dans l'art, c'est que l'on remonte dans le temps et seuls les Blancs ont l'air d'être heureux. Mais nous savons tous sourire depuis la nuit des temps. Nous nous sommes tous mariés depuis toujours. Nous avons tous eu de la romance, du glamour et de la splendeur. Représenter cela est extrêmement important, car les films d'époque pour les personnes non blanches ne devraient pas signifier seulement mettre en lumière un traumatisme.* » Eh oui… Si vous comprenez que ça, ça fait déjà partie du *female gaze*, c'est que vous commencez à saisir de quoi il retourne.

L'héroïne, Daphné, veut avoir son mot à dire. Elle tire profit du moindre interstice de son carcan pour batailler en bonne petite soldate d'elle-même : « *This is about my life* », il s'agit de ma vie. Elle n'a pas, elle, « le privilège de choisir de ne pas se marier ». Elle sait qu'elle ne dispose que de quelques semaines pour échapper au mariage arrangé. Elle refuse l'autorité de son frère aîné, qui a légalement le droit de décider à sa place. Elle résiste. Passe à l'action. Et à l'occasion, n'hésite pas à se débarrasser d'un prétendant harceleur en lui décochant un crochet du droit en pleine face, avec œil au beurre noir à la clé, sans attendre l'intervention d'un éventuel sauveur. Ce fâcheux représente une menace, sa parole d'homme pesant assez lourd pour la compromettre et la contraindre à l'épouser. Face au danger, les femmes

* Interview par le magazine *InStyle*, 23 décembre 2020.

s'unissent. Des servantes aux maîtresses, de la reine, qui suggère, à la chroniqueuse, qui affûte sa plume, elles joueront sans faille la solidarité féminine, et auront raison du vilain par la ruse et la parole souterraine.

Éloïse, jeune sœur de Daphné, rebelle et anticonformiste, n'accepte aucune règle du jeu. Elle rêve de ce qu'elle pourrait faire si elle était un homme : rester célibataire, aller à l'université. Elle écrit son journal, veut vivre comme la chroniqueuse Lady Whistledown, qui lui apparaît comme une créatrice, un modèle de liberté. « Il faudrait porter des plumes et piailler pour attirer l'attention masculine, mais moi, je veux m'envoler ! »

Et les hommes ? Qu'en fait le *female gaze* ? Allons-nous assister à une caricature, une vengeance, un fantasme, une simplification ? Non. La masculinité valorisée par le *female gaze* ne s'arrête pas aux apparences. Ni aux démonstrations de force. C'est leur vulnérabilité, leur sensibilité, la manière dont ils les assument qui rendent les hommes vraiment attirants. Vulnérable ne veut pas dire pleurnichard. La force ne se mesure qu'à l'aune de ce qu'elle surpasse. Les personnages masculins en deviennent plus consistants, plus riches.

Mais c'est quand on en vient au sexe que la sensibilité d'aujourd'hui, le regard féminin s'imposent. On est, pour ces scènes parfaitement torrides, au plus loin de la pornographie. Les chorégraphies sont aussi précises que pour les danses ou les cascades. Chaque geste, chaque mouvement, est décrit et répété. Les comédien·nes sont sécurisé·es, à même de jouer l'action à fond sans la subir, c'est-à-dire de faire leur métier. Sur le plateau, des *intimacy coordinators*, coachs en intimité, s'assurent de leur accord et de leur confort. À titre de comparaison, Michèle Mercier, l'actrice qui incarna dans les années soixante *Angélique, Marquise des Anges*, adaptation d'un célèbre roman rose, raconte une scène de viol collectif sur le bateau du corsaire Escrainville, tournée avec des figurants sans aucune expérience : « Ils se sont vraiment rués sur moi. J'étais terrifiée, je hurlais. L'un d'eux m'a tapé violemment la poitrine avec sa chaîne. Pendant deux ans, j'ai gardé une boule au sein. C'était horrible ! » On imagine aussi que Maria Schneider, à l'époque du *Dernier Tango*, aurait été ravie de bénéficier d'une *intimacy coordinator*. Et ça l'aurait sauvée.

C'était avant le *female gaze*.

Le sexe explicite est partout dans *Bridgerton*. On n'aurait jamais vu ça chez Jane Austen. Une fenêtre s'ouvre sur le non-dit, le planqué, le tabou. Un exemple ? Dans une scène inédite (que je sache, mais c'est ma première série de ce type…), le héros, libertin rompu à tous les plaisirs, révèle à la très innocente et très curieuse Daphné, alors qu'ils se baladent à quelques pas de leurs chaperons, les secrets du plaisir solitaire, dont elle ignorait tout. Elle essaie le soir même dans le secret de sa chambre. Et apparaît très contente du résultat. Inédite apparition de la masturbation dans l'univers austinien.

Les frères de Daphné, privilège de leur sexe, baisent hors mariage. L'aîné avec sa maîtresse, cantatrice, indépendante, libre. Inépousable. Le deuxième dans des parties fines à choix multiples chez ses amis les artistes. La sœur attendra sa nuit de noces. Et n'aura pas à le regretter, tant son mari tout frais s'avère un amant expert et attentionné, aussi bien au lit que partout ailleurs dans la propriété, jour et nuit, au soleil, sous la pluie, dans les escaliers, la bibliothèque, les jardins… Dans toutes ces scènes incandescentes, pas de domination, pas de violence. C'est une relation, une réciprocité, qui nous sont montrées, des regards, des caresses, des étreintes, pas un rapport de forces.

Female gaze : c'est clairement le corps masculin qui nous est donné à voir et, ça aussi, c'est nouveau. Les hommes objets de désir. Daphné, bien avant le mariage, s'émeut de Simon léchant sa petite cuillère, ou remontant ses manches sur des bras parfaits. Les filles sont toujours à moitié habillées, leur corps stratégiquement dissimulé. Pas de seins nus, ou tout juste entraperçus. En revanche, les hommes sont exposés, nus ou presque, en pleine action. Très virils et très très beaux. Retournement de situation ? Pas vraiment : les hommes ne sont pas traités comme les femmes le sont dans les films classiques. Ils sont respectés. Ils ne sont pas réduits à leur corps. Ils sont également amoureux, attentifs, émerveillés du plaisir qu'ils procurent à leur partenaire, à mille lieues des baiseurs égoïstes. Nuance. De taille. Les spectatrices découvrent des délices familiers aux spectateurs depuis longtemps : la contemplation d'un corps désirable. Après des décennies de femmes à poil sans raison, d'héroïnes satisfaites d'un câlin approximatif, les femmes découvrent les joies du sexe sans machisme intégré. Pour le plaisir. Celui d'exister en tant que sujet. Une révolution, je vous dis.

Le *female gaze* vient de l'autre côté de la domination. Parce que c'est là que nous vivons. De là où nous sommes, du berceau au tombeau, nous voyons la violence, l'injustice, l'abus. Nous apprenons à résister, à lutter, à survivre. Et aussi à profiter de ce que la vie nous offre : rire, danser, partager, chanter, aimer. Nous n'y sommes pas seules, de ce côté. Nous sommes même beaucoup plus nombreuses que les dominants. Et nombreux. Notre vision ne se limite pas à nous, les femmes. Elle s'étend à tout ce qui naît, vit et meurt *on the wrong side of the tracks*. Du mauvais côté de la barrière. De toutes les barrières. Toutes les exclusions. Laisser les autres derrière, toutes celles, tous ceux qui morflent à des titres divers, n'aurait aucun sens.

Abattre les rapports de domination, bousiller les hiérarchies. Abolir les institutions qui permettent, voire organisent, ce chaos qu'on appelle « ordre ». Casser le patriarcat et faire tomber le reste. Tout le système.

Que le féminisme porte la voix des femmes, mais pas seulement. Qu'il porte aussi celle des damné·es de la terre, des vaincu·es, des perdant·es. Le féminisme, s'il ne cherche pas à libérer tout le monde, faillira à son ambition. Grand, large, universel, puissant, il est l'affaire de l'humanité entière. La vôtre, donc.

Le *female gaze*, c'est quand les perdant·es ne veulent plus perdre, mais pas davantage gagner. Préfèrent changer les règles du jeu. Oublier les choix fermés et les alternatives négatives. Coopérer, s'entraider, préserver, cultiver. Réinventer le monde. Ensemble.

Postface

> « À la fin, ce ne sont pas les paroles
> de nos ennemis qui nous font le plus de mal,
> mais le silence de nos amis. »
>
> Martin Luther King

À vous, lecteurs,

Vous venez de lire ce livre. J'espère avoir réussi à vous expliquer l'eau. À vous faire entrevoir « *what it feels like for a girl* ». À vous faire partager ma perception du monde. Vous avez compris le message : le féminisme, c'est d'abord et avant tout de la politique. Ce n'est pas une lutte contre les hommes, c'est la lutte de tous et toutes les féministes contre le patriarcat. Et comme le patriarcat englobe tout, le féminisme se bat sur tous les fronts.

Au premier chapitre, je mentionne ceux d'entre vous « qui se demandent comment réagir. Qui voudraient en être, de cette révolution pacifique, mais ne savent pas comment s'y prendre. Comment aider. Jusqu'où aller sans se faire rembarrer. Sans dépasser les bornes, sans être accusés de récupération. Comment se montrer solidaires, mais pas donneurs de leçons ? » Vous vous êtes reconnus ? C'est à vous que je m'adresse.

Vous avez lu les chapitres sur la mexplication, sur la tendance des hommes à occuper le terrain, à monopoliser la parole, à l'interrompre quand c'est une femme qui parle. En tant que bénéficiaires objectifs du patriarcat, vous ne pouvez pas vous substituer à nous pour mener cette révolution. Nous devons la penser et la mener nous-mêmes. Comme nous le faisons depuis longtemps. Ne pas agir à notre place est une façon de nous respecter et de respecter notre combat.

Devez-vous pour autant rester les bras croisés ?

Il est un domaine où vous seuls pouvez intervenir. Un espace auquel par définition nous n'avons pas accès : quand vous êtes entre vous. Entre mecs. Autant dire la marmite du diable. Espace stratégique. C'est là que s'articule, se légitime la violence machiste. Qu'elle se perpétue, se régénère, s'autojustifie. En notre absence et à nos dépens.

C'est à vous qu'il revient de déconstruire la culture de la violence. À la source. Ayez présent à l'esprit que la désapprobation pour les « violences faites aux femmes » affichée dans les discours officiels n'aura jamais aucun effet tant qu'elle se doublera d'une valorisation constante de la violence comme meilleur moyen de résoudre un problème. Valorisation de la loi du plus fort qu'on vous fait ingurgiter de gré ou de force dès le berceau.

Dynamitez le patriarcat de l'intérieur, jouez les agents infiltrés. Ça ne peut venir que de vous, et le système n'y survivra pas. Le patriarcat est cohérent : la parole masculine, parole de dominant, pèse davantage. Elle sera plus entendue et respectée qu'une voix féminine, une fois démonétisée par le poids de l'idéologie ambiante. Parlez en tant qu'homme. En tant que mec. En tant que féministe sévèrement burné. Qui tient debout tout seul. Qui n'a pas besoin du machisme pour se sentir viril. Pas besoin de mépriser pour se sentir respecté. Pas besoin d'écraser pour se sentir exister.

Chaque fois que devant vous se produiront, que vous entendrez, des blagues misogynes, des anecdotes d'exploits sexuels, des bigarderies et autres propos de ce supposé second degré qui sert de paravent à la bonne vieille gauloiserie, si souvent nauséabonde, ne soyez ni dupes ni complices. Ne marchez pas dans la combine. Inscrivez-vous en faux. Faites-en une affaire personnelle. Défiez les auteurs. Que ceux qui s'attendent à votre assentiment tacite ne le trouvent plus. Qu'ils ne se sentent pas confortés, mais qu'au contraire ils se sentent mal à l'aise. Qu'ils perdent leur statut. Qu'ils passent pour des pauvres types. Ça s'appelle la dissuasion.

Soyez nos héros de l'ombre. Nos aides-soignants, nos tout-terrain, nos sous-jacents. La violence machiste est un problème. Soyez une partie de la solution.

Les vrais hommes sont féministes.

Conception graphique
Anne-Marie Bourgeois/m87design

✷

Achevé d'imprimer par
Normandie Roto Impression s.a.s
61250 Lonrai
en août 2021

✷

Dépôt légal
octobre 2021.
Numéro d'imprimeur
2103963

Édition n°1